汽车维修专业技能人才培养工学一体化课程教材

汽车底盘故障诊断与排除

晏和坤　李学友/主　编

刘　飞　李珍珍　郭长军/副主编

夏宝山/主　审

人民交通出版社

北　京

内 容 提 要

本书是汽车维修专业技能人才培养工学一体化课程教材之一。其主要内容包括汽车行驶异响故障诊断与排除、汽车转向无助力故障诊断与排除、汽车制动力不足故障诊断与排除、汽车行驶跑偏故障诊断与排除、汽车自动变速器不升挡故障诊断与排除。

本书可作为技工院校汽车维修专业教材,也可作为中、高职汽车维修专业教材,还可供汽车维修人员及相关技术人员参考使用。

本书配套数字资源,读者可免费扫码观看和在线学习;同时配有教学课件,教师可通过加入汽车技工教学研讨群(QQ:428147406)获取。

图书在版编目(CIP)数据

汽车底盘故障诊断与排除/晏和坤,李学友主编.

北京:人民交通出版社股份有限公司,2025.3.

ISBN 978-7-114-20353-4

Ⅰ.U472.41

中国国家版本馆 CIP 数据核字第 2025KV3250 号

书　　　名:汽车底盘故障诊断与排除
著 作 者:晏和坤　李学友
责任编辑:李佳蔚
责任校对:赵媛媛　刘　璇
责任印制:张　凯
出版发行:人民交通出版社
地　　　址:(100011)北京市朝阳区安定门外外馆斜街 3 号
网　　　址:http://www.ccpcl.com.cn
销售电话:(010)85285911
总 经 销:人民交通出版社发行部
经　　　销:各地新华书店
印　　　刷:北京市密东印刷有限公司
开　　　本:787×1092　1/16
印　　　张:13.75
字　　　数:293 千
版　　　次:2025 年 3 月　第 1 版
印　　　次:2025 年 3 月　第 1 次印刷
书　　　号:ISBN 978-7-114-20353-4
定　　　价:42.00 元

(有印刷、装订质量问题的图书,由本社负责调换)

编审委员会名单

前言
Preface

为进一步贯彻落实《关于深化技工院校改革　大力发展技工教育的意见》和《技工教育"十四五"规划》《推进技工院校工学一体化技能人才培养模式实施方案》等文件精神,对接汽车产业发展新趋势,满足汽车领域高质量发展对高素质技术技能人才的需求,人民交通出版社特组织江苏汽车技师学院、广西交通技师学院、贵州交通技师学院、杭州技师学院、浙江交通技师学院、江苏省交通技师学院、广西工业技师学院、北京汽车技师学院、日照技师学院等20余所院校,共同编写了汽车维修专业技能人才培养工学一体化课程教材。

工学一体化培养模式是依据国家职业技能标准及技能人才培养标准,以综合职业能力培养为目标,将工作过程和学习过程融为一体,培育德技并修、技艺精湛的技能劳动者和能工巧匠的人才培养方式。本套教材秉承上述理念,落实《技工院校教材管理工作实施细则》,遵循知识和技能并重的改革方向,根据技工教育的特点以及技工院校学生的学习情况进行编写,具有以下特点:

(1)教材编写依据最新发布的《汽车维修专业　国家技能人才培养工学一体化课程标准》,贯彻以学生为中心、以能力为本位的教学理念,构建难度适当的理论知识体系,以学生的实操内容及职业素养培养为核心,围绕典型学习任务设计教材任务、活动,突出知识的实用性、综合性和先进性。教材按照四步法"明确任务、工作准备与计划制订、计划实施、评价反馈"编写而成,充分实现思想政治教育、知识传授、技能培养融合统一,持续推动技工院校内涵发展和特色发展。

(2)教材编写过程中充分吸纳行业、企业专家,深入了解目前行业、企业对本专业人才的实际需求,由相关企业提供部分配套的教学资源和技术支持,行业企业人员真正深度参与教材编写和开发。进一步提高技能人才培养质量,帮助学生从学校学习到就业工作紧密衔接。

(3)部分教材配备了丰富的教学资源(纸数融合),教材的知识点以二维码链接动画、视频资源,所有教材配有课件、习题及答案等,满足学生个性化学习的需求,提升教材使用体验感。

(4)在教材中融入了丰富的课程思政元素及党的二十大精神内容,增强民族自信,体现"培根铸魂,启智润心"教育目标,实现思想政治教育与技术技能培养的有机结合。

本书是汽车维修专业技能人才培养工学一体化课程教材之一,围绕汽车底盘常见故障进行编写,主要选取大众捷达、大众迈腾、别克威朗等主流车型,同时辅以其他品牌燃油汽车的案例,结合底盘主要系统的有关结构、功用、工作原理等丰富理论知识,深入探讨底盘常见故障的现象、原因及诊断方法,为读者提供坚实的诊断基础。本书紧密结合当前汽车维修企业相关岗位需求,注重理论与实践相结合,理论知识部分系统、全面且实用,实训项目设计贴合实际工作场景,操作性强,能够帮助学生将所学理论知识转化为实际操作技能,培养学生的动手能力和解决问题的能力。

本书由贵州交通技师学院晏和坤、贵阳职业技术学院李学友担任主编,由江苏汽车技师学院刘飞、贵州交通技师学院李珍珍、贵州交通技师学院郭长军担任副主编。参编人员有贵州交通技师学院余建峰、杜文洪、龙科、宋静;贵阳职业技术学院徐柱、张清瑶、凌莎、杨茜厦;江苏汽车技师学院荆孝保。其中,学习任务一由龙科、杜文洪、李珍珍编写;学习任务二由徐柱、张清瑶编写;学习任务三由凌莎、杨茜厦编写;学习任务四由刘飞、荆孝保编写;学习任务五由余建峰、郭长军、宋静编写。晏和坤、李学友对全书进行了统稿。

限于编者水平,书中难免有疏漏和错误之处,恳请广大读者提出宝贵建议,以便进一步修改和完善。

编　者
2024 年 11 月

目录
Contents

学习任务一

汽车行驶异响故障诊断与排除

学习目标 »»»

1. 知识目标

(1)能描述离合器的功用、类型和结构组成。

(2)能简述离合器异响的表现形式及原因。

(3)能描述手动变速器的功用、类型和齿轮传动的基本原理。

(4)能说出手动变速器的结构组成。

(5)能描述主减差速器的功用和结构组成。

(6)能简述主减差速器异响的表现形式及原因。

(7)能描述万向传动装置的功用、类型和结构组成。

(8)能说出万向传动装置各零部件常见的损坏形式。

(9)能描述万向传动装置在车辆行驶过程中异响的现象及原因。

2. 技能目标

(1)能正确拆解离合器总成。

(2)能独立分析离合器的异响原因。

(3)能按照技术规范正确检修手动变速器的操纵机构。

(4)能对手动变速器的质量进行检查。

(5)能正确使用工具设备完成手动变速器总成的拆装与检修。

(6)能从车上拆下主减差速器总成。

(7)能正确使用工具检查主减差速器总成。

(8)能根据维修工单的故障描述,对万向传动装置异响原因进行分析,并制订完善的维修方案,准确排除故障。

(9)能根据维护手册,查阅万向传动装置的结构及安装方式。

(10)能正确使用工具设备完成万向传动装置的拆装与检查。

3. 素养目标

(1)培养学生严谨的工作态度,规范实训"8S"管理,养成良好的职业行为习惯。

(2)规范操作,主动探究,养成精益求精的工匠精神。

(3)通过学习使学生具备本专业高素质技术工作者所必需的完工检验,同时培养学生的专业兴趣,增强团结协作的能力。

(4)促进学生职业素养的形成,为培养高素质汽车售后服务专门人才奠定良好的基础。

(5)自主学习、崇尚劳动,形成有耐心、够细心、爱岗敬业的劳模精神。

参考学时 >>>

48 学时。

任务描述 >>>

一辆汽车进厂维修,客户反映汽车行驶过程中出现异响,需对行驶系统进行故障诊断与排除。

学习活动 1 离合器异响故障诊断与排除

一、明确任务

根据任务描述,客户车辆在行驶过程中出现异响,试车后发现异响来源于离合器,需要对离合器进行检查与更换,使其恢复正常使用性能。

二、工作准备与计划制订

(一)知识准备

1.离合器的功用

图1-1 离合器

摩擦片 减振弹簧 发动机飞轮 压盘 膜片弹簧

离合器(图1-1)是汽车传动系统中的重要组成部分,它的主要功用是_____和_____发动机和变速器之间的动力传递,以便在换挡、起步和停车等情况下控制车辆的动力输出。在车辆起步和换挡时,离合器控制动力平稳过渡,避免车辆突然加速或减速。停车时,通过离合器完全切断发动机的动力,从而使车辆平稳地停下来。离合器在汽车传动系统中的重要作用使得驾驶人可以更加灵活地控制车辆的加速和减速,从而使车辆更加稳定、安全地行驶。同时,_____的存在也使得驾驶人在进行换挡、起步和停车等动作时更加方便、快捷。

2.离合器的结构组成

离合器主要由_____、_____、_____和_____四部分组成。主动部分:由飞轮(图1-2)、离合器盖(图1-3)、离合器压盘(图1-4)等机件组成,与发动机曲轴连在一起,这部分经常处于高速旋转中。从动部分:包括离合器从动盘(也称从动片)、输出轴(即花键轴),这一部分由单片双面和双片单面等若干离合器摩擦片(图1-5)组成,并装于从动盘钢片的两侧,用铆钉或黏合剂等连接,摩擦片分为带有减振片的摩擦片和不带减振片的摩擦片两种类型。压紧机构:若干个沿圆周布置的压紧弹簧,都装于压盘与飞轮之间,用以将压盘和从动盘压紧,轿车上常用的压紧弹簧类型为膜片弹簧(图1-6)。操纵机构:由分离杠杆、分离轴承(图1-7)、分离套筒、分离叉、分离叉轴、分离杠杆内端、分离轴承等机件组成离合器操纵机构。

图1-2 发动机飞轮   图1-3 离合器盖   图1-4 离合器压盘

图1-5 离合器摩擦片   图1-6 膜片弹簧   图1-7 分离轴承

除了以上主要结构,离合器还有一些辅助部件,如分离轴承、分离杠杆等。分离轴承用于推动压盘轴,使压盘与从动盘分离;分离杠杆则用于平衡分离轴承的推力。离合器的结构比较复杂,但它的作用却非常重要。作为汽车传动系统中的重要组成部分,离合器可以控制动力的接合和断开,保证车辆的平稳起步和平稳换挡。同时,它还可以保护发动机,避免在紧急制动时对发动机造成过大的冲击。

3.离合器的工作原理

离合器的安装位置通常位于发动机和变速器之间,离合器的工作原理主要是通过摩擦力来实现动力的传递和切断。当离合器处于接合状态时,主动盘和从动盘之间的接触面会受到压力,产生摩擦力,从而实现动力的传递。而当离合器处于分离状态时,主动盘和从动盘之间的接触面会失去压力,摩擦力消失,从而实现动力传递的切断。

4. 离合器的分类

离合器是汽车传动系统中的重要组成部分,根据不同的分类方式,离合器可以分为以下几类。

(1)按照离合器的工作原理,可以分为_____、液力变矩式离合器、电磁式离合器和_____等。

(2)按照离合器的操纵方式,可以分为手动离合器和自动离合器。手动离合器需要驾驶人通过离合器踏板手动控制离合器的分离和结合,而自动离合器则通过机械、液压或电磁等自动方式实现离合器的控制。

(3)按照离合器的控制方式,可以分为机械式离合器和电子控制式离合器。机械式离合器通过机械机构来传递动力和操纵离合器,而电子控制式离合器则通过传感器和执行器等电子设备来检测和控制离合器的动作。

(4)按照离合器的用途,可以分为汽车离合器和摩托车离合器等。汽车离合器通常与手动变速器配合使用,而摩托车离合器则与变速器配合使用,用于改变车辆的行驶速度和动力输出。

离合器的分类方式多种多样,不同的分类方式下有不同的类型和特点,在使用过程中,需要根据具体情况选择合适的离合器类型和型号。

5. 离合器异响的表现形式及原因

离合器在接合或分离过程中产生异常声音,如摩擦声、振动声等。这些声音不仅会影响驾驶人的驾驶体验,还可能对车辆的传动系统造成损害。

常见的离合器异响有以下几种形式。

(1)连续的金属摩擦声。

主要原因:这种异响常常出现在离合器摩擦片表面有油污或磨损严重的情况下,也可能是由于离合器装配不当或分离轴承的复位弹簧松动。

(2)金属刮擦声。

主要原因:这种异响通常是由于离合器摩擦片安装不当或分离杠杆的边缘磨损,也可能是由于离合器压盘变形或分离轴承的卡滞。

(3)连续的振动声。

主要原因:这种异响可能是由于离合器弹簧松动或离合器摩擦片变形,也可能是由于离合器压盘不平或钢片变形。

(4)尖锐声。

主要原因:这种异响通常是由于离合器摩擦片与压盘之间的间隙过小,导致摩擦力过大,也可能是由于离合器摩擦片与压盘之间的摩擦力不均匀。

(5)轻敲声。

主要原因:这种异响可能是由于离合器压盘的固定螺栓松动或分离轴承的复位弹

簧失效,也可能是由于离合器钢片的铆钉松动或钢片与压盘之间的摩擦力过大。

(6)冲击声。

主要原因:这种异响通常是由于离合器摩擦片的花键孔变形或花键轴弯曲,也可能是由于离合器装配不当或分离杠杆的边缘磨损。

(7)"咔嗒"声。

主要原因:这种异响可能是由于离合器压盘的平整度不足或钢片变形,也可能是由于离合器钢片的铆钉松动或摩擦片表面磨损严重。

(8)空转声。

主要原因:这种异响通常出现在车辆起步或加速时,可能是由于离合器摩擦片与压盘之间的间隙过大或分离杠杆的高度调整不当,也可能是由于离合器弹簧的张力不足或分离轴承的卡滞。

(9)连续的"嗡嗡"声。

主要原因:这种异响可能是由于离合器轴承的损坏或变速器的第一轴弯曲,也可能是由于离合器摩擦片与压盘之间的摩擦力过大或不均匀。

(10)周期性的尖锐声。

主要原因:这种异响通常是由于离合器摩擦片的花键孔磨损严重或花键轴弯曲,也可能是由于离合器装配不当或分离杠杆的边缘磨损。

(二)制订工作方案

1. 任务分工(表1-1)

学生任务分配表 表1-1

班级		组号		指导老师	
组长		任务分工			
组员1		任务分工			
组员2		任务分工			
组员3		任务分工			
组员4		任务分工			
组员5		任务分工			
组员6		任务分工			

2. 工量具、仪器设备与耗材准备

(1)使用的工量具有:_____。

(2)使用的仪器设备有:_____。

(3)使用的耗材有:_____。

3. 具体方案描述

三、实施计划

(一)安全注意事项及技能要点

1. 安全注意事项

(1)作业之前戴好工作手套和安全帽。

(2)使用举升机前,检查并排除设备周围及车辆上的人和障碍物,确认安全锁止装置工作可靠。

(3)正确、规范使用离合器检修工具。

(4)为避免人身伤害或部件损坏,拆下离合器前,应该用车下千斤顶支撑住发动机和变速器。

(5)注意离合器液压助力油和变速器油的泄漏。

2. 技能要点

(1)离合器拆卸前必须做好装配记号,在安装离合器时,离合器应按记号原位装复。

(2)拆装过程中,注意保护轴上的花键。

(3)安装过程中,注意调整轴与离合器之间的配合。

(二)离合器异响故障诊断与排除

离合器异响故障诊断与排除操作方法及说明见表1-2。

离合器异响故障诊断与排除操作方法及说明   表1-2

步骤	操作方法及说明	质量标准及记录
1. 前期准备	(1)车辆信息填写; 	□正确安装 □按"8S"要求整理

续上表

步骤	操作方法及说明	质量标准及记录
1.前期准备	（2）安装防护三件套（座椅套、转向盘套、脚垫）； （3）安装翼子板布和前格栅布 	
2.安全检查	（1）插入尾气排放管； （2）检查驻车制动器和挡位； （3）检查机油液位、冷却液液位、制动液液位、蓄电池电压；	□正确安装 □正确使用数字万用表 □按"8S"要求整理

步骤	操作方法及说明	质量标准及记录
2.安全检查	 (4)将车辆举升到合适高度(确认车轮离地) 	

步骤	操作方法及说明	质量标准及记录
3.仪器连接	正确使用检测仪,检测发动机控制系统、制动系统等,记录故障码 	□正确连接 □按"8S"要求整理
4.故障现象确认	(1)起动发动机前,确认车辆周围环境是否安全; (2)起动发动机,待发动机运行1min后,踩下离合器,分别进行半离合、离合到底、松开离合器操作,认真感受故障发生时脚部感觉和听取故障发生时的声音; (3)如有需要上路行驶测试	□正确观察 □按"8S"要求整理
5.确定故障范围	(1)离合器从动盘摩擦片磨损过大; (2)离合器膜片弹簧变形故障	□正确使用工具 □正确记录 □按"8S"要求整理
6.离合器异响故障诊断与排除	(1)切断电源负极;准备适当的工具和设备,如扭力扳手、拆卸工具、发动机吊架工具等; (2)利用举升机顶起车辆,并在到达符合维修高度后,锁止举升机; (3)观察离合器外观情况,是否有破损、变形、漏油等;	□正确拆卸 □按"8S"要求整理

步骤	操作方法及说明	质量标准及记录
6. 离合器异响故障诊断与排除	 （4）用车下千斤顶支承住发动机，检查是否支承牢固； （5）对装配位置进行标记，清晰且不易脱落； （6）用专用工具拆卸离合器，并规范放置于操作台； （7）用测量工具对离合器摩擦片、压盘等进行观察和测量；根据观察和测量结果，判断其是否符合标准，如不符合，进行部件更换； （8）如发现从动盘摩擦片磨损严重，需进行更换；	□正确使用专用工具 □是　　□否

步骤	操作方法及说明	质量标准及记录
6. 离合器异响故障诊断与排除	 （9）安装时，按拆卸的反顺序进行，注意对应装配标记； （10）装配时，需要进行调整离合器间隙，须符合维修标准； （11）安装时，注意花键与轴的配合； （12）安装完成后，若是液压助力形式，需要排空气、加注助力油后进行试车	□正确安装各部件
7. 维修结果确认	修复后再次试车测试故障现象是否存在	□正确使用故障诊断仪 □按"8S"要求整理
8. 现场恢复	（1）将工具恢复到位； （2）恢复车辆； （3）打扫干净地面卫生	□按"8S"要求整理

四、评价反馈（表 1-3）

评价表   表 1-3

评分项目	评分标准	分值（分）	得分（分）
学习目标	能明确本任务的知识、技能、素养目标，理解任务在工作中的重要程度	5	
工作任务分析	能清晰描述完成本次工作任务内容	2	
	能清晰描述完成本次工作任务需必备的技能与知识点	2	
有效信息获取	能描述离合器的功用	5	
	能描述离合器常见的异响现象及原因	5	
	能查阅维修手册，并根据手册清楚获取离合器的类型及安装方式	6	
	能根据故障现象及原因进行相应零部件的检修	5	

续上表

评分项目	评分标准	分值(分)	得分(分)
实施方案制订	能清晰地制订并填写本次离合器异响故障诊断与排除的准备作业计划	5	
	能组织或协同工作小组成员,明确本次任务所需仪器设备、工具、材料的准备与清点,并准备记录	5	
	能组织或协同工作小组成员交流,优化检查方案并记录	5	
任务实施	能根据故障排除方法正确描述故障现象	5	
	通过故障现象确定故障位置,分析故障原因	5	
	通过查阅维修手册,结合分析结果,制订完善的检修方案	7	
	能进行离合器的拆装	5	
	能进行离合器的分解	5	
	能进行离合器的测量	5	
	能利用检测工具找出故障原因,并作出正确的维修决策	7	
任务评价	能过本次任务实施,结合自己在实训过程中的表现,进行自我评价及自我反思并记录	3	
职业素养	按规定时间完成项目作业	2	
	遵守实训室管理规定、劳动纪律	2	
	积极参与课堂活动、回答问题	2	
	能够按时出勤	2	
思政要求	能独立实施"8S"、融入团队协作、提升职业素养	5	
合计		100	

改进建议:

教师签字:

日期:

学习活动 2　变速器异响故障诊断与排除

⚙ 一、明确任务

根据任务描述,客户车辆在行驶过程中出现异响,试车后发现异响来源于变速器,需要对变速器进行检查与更换,使其恢复正常使用性能。

⚙ 二、工作准备与计划制订

(一)知识准备

1.手动变速器的作用

(1)改变速度。

变速器功用

手动变速器车辆在行驶中,其行驶速度的快慢需要通过改变变速器内齿轮传动比来实现。

(2)改变发动机转矩。

在发动机工作过程中,发动机转速通过飞轮向变速器传输动力,由于发动机转速在高速时较高,直接将其传递到车轮可能导致不便于操控,并在坡道行驶时产生异常。因此,手动变速器车辆通过操控离合器的分合和变速器中不同齿轮的传动比来调整发动机的动力传输,即改变发动机的转矩。

(3)前进与倒车。

发动机在运转中,曲轴按照顺时针方向旋转,而动力传输到变速器的方向也是顺时针。通常情况下,当车辆前进时,发动机的动力通过曲轴传递至变速器,再由变速器传递至传动轴,使它们的旋转方向一致。由于发动机无法实现曲轴逆时针旋转,倒车时需要特定设计的机构,如倒挡齿轮和变速器齿轮轴,以实现逆时针方向的传动。因此,在车辆操作机构中通常设有专门的倒车挡,以实现倒车操作。

(4)实现空挡。

车辆在运行过程中,发动机通常一直运转,将动力不断传递至外部。然而,当驾驶人在停车、下坡或等待红绿灯时,无需将发动机的动力传递至车轮。为实现这一功能,变速器设计了空挡,其作用是切断动力传递至车轮。

2.手动变速器的性能要求

(1)合适的挡位数:能够有效地传输发动机动力,以适应不同的驾驶场景,包括起步、坡道行驶和加速等。

（2）高传动效率：在换挡过程中，能够迅速将发动机的动力传递到车轮，减少在传递过程中能量的损耗，从而提高车辆的燃油经济性和动力性能。

（3）操作方便：为手动变速器车辆提供方便的操作性，确保驾驶人能够轻松、准确地踩下离合器踏板并进行换挡，以增强驾驶操控性和驾驶体验。

（4）多功能的挡位：包括前进挡、倒车挡和空挡，以满足不同行驶需求。

（5）轻量化结构：设计应考虑轻量化，结构简单，提高整体可靠性和维护便利性。

3. 手动变速器工作原理

手动变速器车辆通过采用大小不同的齿轮，调整不同的传动比，以实现车辆的加减速。通过改变传动比，车辆能够在不同条件下，如坡道、起步和倒车等情况，实现正常行驶。相反，如果没有传动比的变化，车辆将无法在理想的状态下运行。

传动比是指两个啮合在一起的齿轮，在其旋转中，一个主动齿轮带动从动齿轮相互运动的_____。传动比的大小可通过主动齿轮的齿数与从动齿轮的齿数之比来表示。例如，某车型变速器中的一挡位，主动齿轮有 28 个齿，而从动齿轮有 14 个齿，因此这组齿轮的传动比可表示为 $28/14 = 2$。在这种情况下，从动齿轮的转速增加，但其转矩_____，导致该组齿轮的运动呈现_____。

由此可见，当两组齿轮的齿数相等时，转矩也相等，因此，该组齿轮呈现等速运动。而当主动齿轮的齿数小于从动齿轮的齿数时，该组齿轮呈现_____，同时转矩_____。如图 1-8 所示，A 为主动齿轮，B 为从动齿轮。其中 a)图表示加速运动的齿轮组，b)图表示等速运动的齿轮组，c)图表示减速运动的齿轮组。

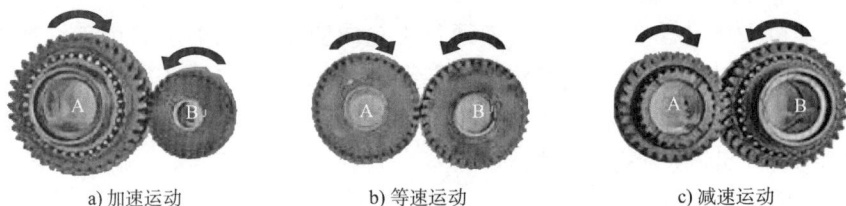

a) 加速运动   b) 等速运动   c) 减速运动

图 1-8　齿轮传动原理

在动力传输的过程中，发动机的动力首先通过飞轮传递至离合器。接着，离合器的从动盘将动力传递至变速器的输入轴。输入轴再将动力传递至变速器内的各个齿轮。随后，这些齿轮将动力传递至输出轴，而输出轴进一步将动力传递至差速器、传动轴，最终到达车轮。

在倒车齿轮组的设计中，介于变速器的动力输入齿轮和动力输出齿轮之间增设了一个中间传输齿轮，这个中间齿轮的作用是改变动力传递的方向。在驾驶过程中，驾驶人通过操纵机构，将倒车挡中的中间齿轮推动与输入齿轮和输出齿轮相啮合，从而改变了车辆的行驶方向，实现了车辆的倒车行驶。

4. 手动变速器的类型

（1）按齿轮轴数分类。

根据变速器前进齿轮轴的数量不同，手动变速器分为_____和_____。两轴式变速器通常用于发动机前置前轮驱动车辆,如图1-9所示。而三轴式变速器一般用于前置发动机后轮驱动车辆,在输入轴和输出轴之间多了一个中间轴,如图1-10所示。

图1-9 两轴式变速器

图1-10 三轴式变速器

在许多变速器中,输入轴和输出轴可以直接连接在一起,动力无须通过中间轴传输,此时的齿轮称为直接齿轮,也即直接挡。在直接挡中,输入轴的转速与输出轴的转速相同,由单一轴驱动,传动比为1:1,因此传动效率最高。这种结构通常适用于前置发动机和后轮驱动的车辆。

（2）按前进挡位数分类。

根据车辆行驶时的挡位数不同,手动变速器可分为三挡、四挡、五挡、六挡以及多挡手动变速器等不同类型。

5.手动变速器结构组成

手动变速器由_____、_____、_____以及_____等组成。

（1）换挡操纵机构。

变速器换挡操纵机构的功能在于,让驾驶人在驾驶过程中,根据道路状况及自身需求,准确、安全、稳定地将变速器调整至适当挡位。这意味着车辆可以从前进挡位切换至倒车挡,并能在必要时返回空挡。

变速器操纵机构根据车辆变速器部位及结构特点,分为_____和_____两种类型。

①远距离操纵式。

由于变速器离驾驶室较远时,要操控变速器挡位,就需要有连接机构来完成。变速器操纵机构杆布置在转向管柱上,或在仪表操作台上,也可布置在中央扶手台上,这些不同布置形式,都需要设置若干连接机构来完成。常见有连杆机构式、拉线式,如图1-11和图1-12所示。自动变速器车辆还有电子按钮控制式。

②直接操纵式。

根据不同车辆的布置需要,有些车型为了实现操作方便,减少零部件_____,换挡杆直接与变速器中的换挡拨叉相连,可以直接换挡。这种操纵机构一般由变速操纵杆、拨叉、拨叉轴及安全锁止装置组成,通常都装于变速器上盖,部分车辆将操纵机构置于变速器侧面。

手动变速器在换挡操作过程中，为防止出现自动跳挡、乱挡和脱挡等情况，操纵机构中专门设置了锁定装置，其中包含了_____、_____以及_____。

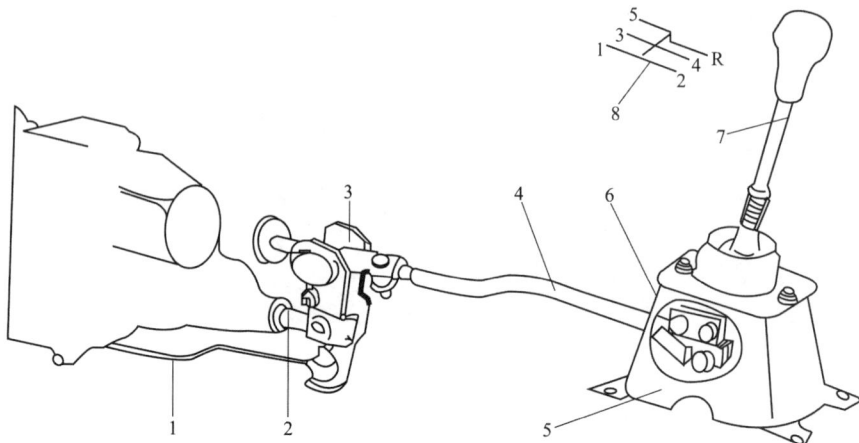

图1-11　手动五挡变速器（连杆机构式）

1-支承杆；2-内变带杆；3-变速杆接合器；4-外变带杆；5-倒挡保险挡块；6-换挡手柄座；7-换挡杆；8-换挡标记

a. 自锁装置。

自锁装置的作用是_____换挡拨叉轴，防止其轴向移动造成操纵拨叉从原挡位中脱落，或进入其他挡位，采用自锁钢球对拨叉轴进行轴向定位锁止，大多数车型的自锁装置由_____和_____组成，如图1-13所示。

图1-12　手动变速器（拉线式）

图1-13　自锁装置

b. 互锁装置。

手动变速器互锁是通过限制换挡杆的位置，其作用是阻止_____或_____拨叉轴同时移动，当一根拨叉轴轴向移动时，其他拨叉轴都被锁止在空挡位置，不能移动，从而可以防止同时挂入两个挡位。这能够有效地减少车辆视觉和操作的干扰，提高变速器的使用效率及寿命，如图1-14所示。

图1-14　互锁装置

c.倒挡装置。

倒挡装置的作用是在驾驶操作中,驾驶人必须另给操纵机构施加一个力才能挂入倒挡,以此来提醒驾驶人操作。在车辆前进过程中,防止驾驶人操作误挂倒挡而导致变速器中齿轮部件损坏,起到倒挡锁止的作用,如图1-15所示。

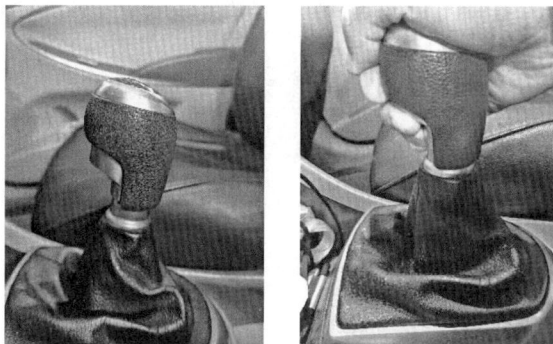

a) 倒挡锁止　　　　　　　　b) 解除倒挡锁止

图1-15　倒挡锁止装置

(2)变速传动机构。

手动变速器变速传动机构主要由_____、_____、_____及_____组成,如图1-16所示。

轴承的作用就是起支承轴作用,降低变速器轴在运动过程中的摩擦系数,并保证变速器的回转精度。

汽车同步器的主要作用是使将要啮合的齿轮达到一致的转速从而顺利啮合。同步器的作用就是使变速器接合套与待啮合的齿圈迅速同步,缩短换挡时间,并防止在同步前啮合而产生换挡冲击,让汽车更加平稳地行驶。

带同步器和不带同步器的区别在于:变速器带同步器,在挂挡起步时,不需要等待变速器调速后,就能直接挂进挡,不会出现挂挡打齿的现象;变速器不带同步器,在挂挡起步时,需要等待变速器调速后才能挂进挡,且容易出现挂挡打齿异响的现象。如图1-17所示,不带同步器的变速器,其倒挡中间啮合齿轮被撞击损坏。

图1-16　手动变速器变速传动机构　　　　　图1-17　倒挡齿轮损坏

17

锁环式惯性同步器的结构如图1-18所示,由_____、_____、_____、_____、_____等组成。花键毂用内花键套装在轴的外花键上,用垫圈、卡环轴向定位。

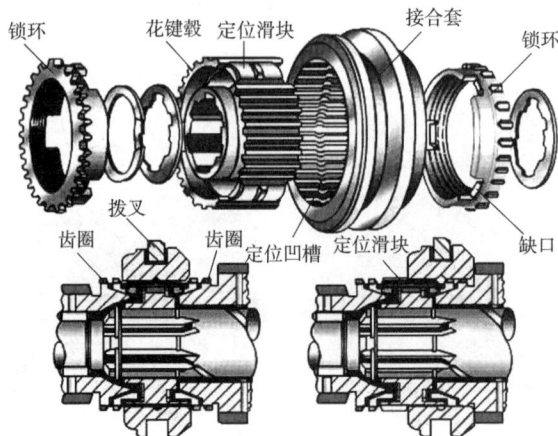

图1-18 锁环式惯性同步器

(3)变速器壳体与盖。

变速器壳体与盖用来安装支承变速器轴的轴承,以及传动机构组件和内部换挡操纵机构。附件有油封、密封垫和铁磁。变速器壳体与盖同时储存变速器齿轮油。

铁磁主要作用是对传动机构齿轮部件在工作过程中产生的铁粉进行吸附,防止废旧铁粉二次增加齿轮磨损。

变速器壳体上预留有放油螺塞孔及加油螺塞孔,加油螺塞孔同时起到加齿轮油及检查齿轮油液位作用。壳体一般由2~3节壳体组合而成,便于拆装检修变速器。在壳体外部有多个螺孔,这些螺孔便于安装变速器相应附件,以及安装变速器总成支座于车身上。

变速器壳体与盖在小型车辆上常采用铝合金或镁合金制成,这能减小变速器总成质量。在中、重型车辆中常用铸铁材料,这可增强壳体的刚度及强度。图1-19所示为采用铝合金材料的某品牌车型变速器壳体与盖。

图1-19 铝合金变速器壳体与盖

6.手动变速器常见异响形式及原因

变速器异响是指驾驶人在操作变速器过程中,变速器发出的不正常的响声。本活动将从空挡时异响、换挡时异响、行车中异响三个方面分析手动变速器常见的异响形式及原因。

(1)空挡时异响。

现象:在空挡时异响,行车中踩下离合器踏板后响声消失。

导致这种现象的原因主要有：

①一轴前轴承响；

②一轴后轴承响；

③常啮合齿轮响。

(2)换挡时异响。

现象：换挡时齿轮相互撞击而发响。

导致这种现象的原因主要有：

①离合器不能分离；

②离合器踏板行程不正确；

③同步器损坏；

④怠速过大；

⑤变速杆调整不当；

⑥导向衬套紧。

(3)行车中异响。

现象：行车过程中发出"咔、咔、咔"的异响声。

导致这种现象的原因主要有：

①齿轮磨损过甚变薄，间隙过大，运转中有冲击；

②齿面有金属疲劳剥落或个别齿损坏折断；

③齿轮与轴上的花键配合松旷或齿轮的轴向间隙过大；

④轴弯曲或轴承松旷引起齿轮啮合间隙改变；

⑤轴承磨损严重；

⑥变速器缺油或油质不达标，行车中发出金属摩擦声。

(二)制订工作方案

1.任务分工(表1-4)

学生任务分配表 表1-4

班级		组号		指导老师	
组长		任务分工			
组员1		任务分工			
组员2		任务分工			
组员3		任务分工			
组员4		任务分工			
组员5		任务分工			
组员6		任务分工			

2. 工量具、仪器设备与耗材准备

(1)使用的工量具有：_____。

(2)使用的仪器设备有：_____。

3. 具体方案描述

_____

_____

_____

_____

_____

三、计划实施

(一)安全注意事项及技能要点

1. 安全注意事项

(1)作业过程佩戴防护用品：如手套、护目镜、口罩等，以防止油液、金属碎片等对皮肤和眼睛造成伤害。

(2)防止机械伤害：应注意避免手指、头发等被卷入设备中。

(3)避免火花引发爆炸：注意防止工具、零件等金属物品与油漆、清洗齿轮部件油液等易燃物质接触，避免火花引发火灾或爆炸。

(4)防止滑倒摔伤，避免因地面湿滑导致操作人员滑倒受伤。

(5)防止火灾事故的发生。

(6)应急预案：如火灾、爆炸、触电等，应提前制订应急预案，准备好应急物料，确保在突发情况下能够迅速采取有效措施。

2. 技能要点

(1)在变速器检修中，要仔细检查变速器外壳与盖，不得有裂纹或损坏，异常情况容易导致油液泄漏。

(2)拆装变速器内部齿轮时，要按"8S"标准操作，规范摆放。检查每个齿轮齿面是否有磨损、剥落等现象。齿轮花键连接也需要进行检查，确保齿轮与轴之间的连接可靠。在安装时要注意齿轮正反方向，以及各挡位齿轮不能装错。

(3)在拨叉轴与齿轮轴检查时，要检查齿轮的啮合状况，包括齿面是否有磨损、剥落等现象。花键连接应良好，以确保齿轮与轴之间的连接可靠。

(4)轴承的拆装应使用专用工具，注意不得损伤轴承保护架。检查轴承的磨损情况和游隙大小，磨损严重应更换。

(5)在安装同步器时，必须保证同步器各部件的正确安装位置，避免装反，否则会导致同步器失效。

（二）变速器异响故障诊断与排除

变速器异响故障诊断与排除操作方法及说明见表1-5。

变速器异响故障诊断与排除操作方法及说明　　　　　　　　　表1-5

步骤	操作方法及说明	质量标准及记录
1.前期准备	(1)车辆信息填写； (2)安装防护三件套(座椅套、转向盘套、脚垫)； (3)安装翼子板布和前格栅布	□正确安装 □按"8S"要求整理
2.安全检查	(1)插入尾气排放管； (2)检查驻车制动器和挡位； (3)检查机油液位、冷却液液位、制动液液位、蓄电池电压； (4)将车辆举升到合适高度(确认车轮离地)	□正确安装 □正确使用数字万用表 □按"8S"要求整理
3.仪器连接	正确使用检测仪，检测发动机控制系统、制动系统等，记录故障码	□正确连接 □按"8S"要求整理
4.故障现象确认	(1)起动发动机前，确认车辆周围环境是否安全； (2)起动发动机，从低速挡进入高速挡，检查各前进挡位有无异响。车速降到较低转速后，踩下制动踏板，让车轮停止运转；再将挡位推进倒车挡，发现进入倒车挡时有无异响，确认故障症状并记录症状现象； (3)如有需要上路行驶测试	□正确观察 □按"8S"要求整理
5.确定故障范围	(1)变速器内部零件损坏； (2)变速器倒车挡齿轮部件松动或齿牙裂落	□正确使用工具 □正确记录 □按"8S"要求整理
6.变速器异响故障诊断与排除	(1)切断电源负极；准备适当的工具和设备，如扭力扳手、拆卸工具、发动机吊架工具等； (2)在进行检修前，放出变速器中齿轮油；	□正确拆卸 □按"8S"要求整理

步骤	操作方法及说明	质量标准及记录
6. 变速器异响故障诊断与排除	 (3)拆卸传动轴; (4)将手动变速器相连接的附件拆下,用变速器专用托架将变速器总成从车上取下; (5)将变速器进行解体,检查各零部件的磨损、损伤、腐蚀等情况; (6)将拆下的零部件进行仔细检查,发现该变速器,倒挡齿轮损坏,更换损坏齿轮部件; (7)将拆下的零部件进行清洗,去除油污、金属粉末等; (8)按照拆卸的反向顺序进行变速器组装,注意各零部件的安装位置和顺序,确保组装正确; (9)组装完成后,对变速器进行功能性试验,检查各挡位是否正常、换挡是否顺畅、有无异响等; (10)将拆下的传动轴重新安装到变速器上,安装各相连附件; (11)变速器安装完成后,注入新的变速器齿轮油	□正确使用专用工具 □正确安装各齿轮

续上表

步骤	操作方法及说明	质量标准及记录
7.维修结果确认	修复后再次试车测试故障现象是否存在	□正确使用故障诊断仪 □按"8S"要求整理
8.现场恢复	(1)将工具恢复到位; (2)恢复车辆; (3)打扫干净地面卫生	□按"8S"要求整理

四、评价反馈(表1-6)

评价表 表1-6

评分项目	评分标准	分值(分)	得分(分)
学习目标	能明确本任务的知识、技能、素养目标,理解任务在工作中的重要程度	5	
工作任务分析	能清晰描述完成本次工作任务内容	2	
	能清晰描述完成本次工作任务需必备的技能与知识点	2	
有效信息获取	能描述手动变速器总成安装位置	5	
	能描述手动变速器装置常见的异响现象及原因	5	
	能查阅维修手册,并根据手册清楚获取手动变速器装置的类型及安装方式	6	
	能根据故障现象及原因进行相应零部件的检修	5	
实施方案制订	能清晰地制订并填写本次手动变速器异响故障诊断与排除的准备作业计划	5	
	能组织或协同本工作小组成员,明确本次任务所需仪器设备、工具、材料的准备与清点,并准备记录	5	
	能组织或协同工作小组成员交流,优化检查方案并记录	5	
任务实施	能根据路试法正确描述故障现象	5	
	通过故障现象确定故障位置,协同工作小组成员交流分析故障原因	5	
	通过查阅维修手册,结合分析结果,制订完善的检修方案	7	
	能进行手动变速器总成装置的拆装	5	
	能进行手动变速器的分解	5	
	能清洗和更换轴承、齿轮,会加注齿轮油	5	
	能利用检测工具及试车测试找出故障原因,并作出正确的维修决策	7	

续上表

评分项目	评分标准	分值(分)	得分(分)
任务评价	能过本次任务实施,结合自己在实训过程中的表现,进行自我评价及自我反思并记录	3	
职业素养	按规定时间完成项目作业	2	
	遵守实训室管理规定、劳动纪律	2	
	积极参与课堂活动、探究、回答问题	2	
	能够按时出勤	2	
思政要求	能独立实施"8S"标准、融入团队协作、提升职业素养	5	
合计		100	

改进建议:

教师签字:

日期:

学习活动 3　主减差速器异响故障诊断与排除

一、明确任务

根据任务描述,客户车辆在行驶过程中出现异响,试车后发现异响来源于主减差速器,需要对主减差速器进行检查与更换,使其恢复正常使用性能。

二、工作准备与计划制订

(一)知识准备

_____是汽车传动系统中的重要组成部分,根据不同位置和功能分为后桥主减

差速器(图1-20)和前桥差速器(图1-21),主要作用是将发动机输出的动力进行
_____和_____,同时实现车辆在转向和坡道行驶时的_____。主减差速器主
要由主动锥齿轮、从动锥齿轮(图1-20)、_____、_____、_____(图1-22)等
组成。

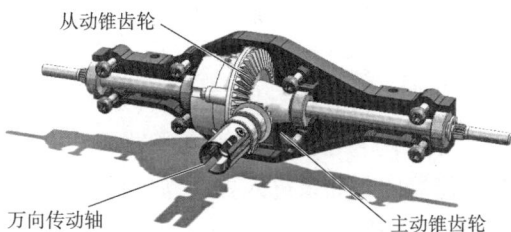

图1-20 后桥主减差速器

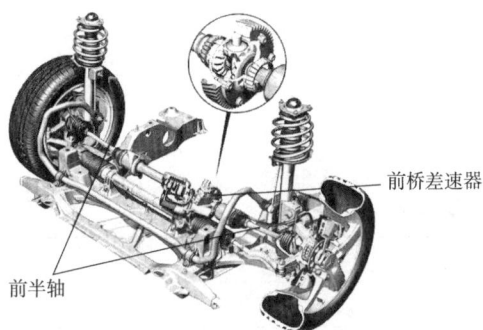

图1-21 前桥差速器

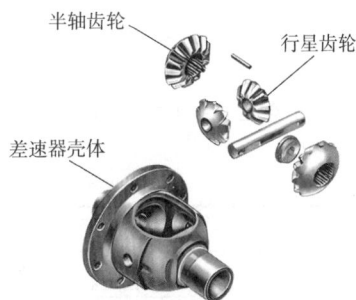

图1-22 差速器壳体、行星齿轮、半轴齿轮

1.主减差速器的工作原理

_____的工作原理主要是将发动机输出的动力进行传递,同时也可以通过
_____实现左右车轮的_____,提高车辆的操控性和稳定性。具体来说,该总成
的工作过程分为以下三种情况。

(1)汽车直线行驶时,主减速器的从动锥齿轮驱动差速器壳旋转,差速器驱动行星
齿轮轴旋转,行星齿轮轴驱动行星齿轮公转,半轴齿轮在行星齿轮的夹持下同速同向
旋转。此时,行星齿轮只公转,不自转,左右车轮和转速等于从动锥齿轮的转速。

(2)汽车转弯时,行星齿轮在公转的同时,产生了自转,即绕行星齿轮轴的旋转,造
成一侧半轴齿轮转速的增加,而另一侧半轴齿轮转速的降低,两侧车轮以不同的转速
旋转。此时,一侧车轮增加的转速等于另一侧车轮减少的转速,从而帮助车辆顺利
转弯。

(3)当将两个驱动轮支起后,车轮离地。如果转一侧的车轮,另一侧车轮会反方向
同速旋转。这时,差速器内的行星齿轮只自转,不公转,两侧半轴齿轮以相反的方向旋
转,从而带动两侧车轮反方向同速旋转。

2.主减差速器异响原因

当主减差速器出现异响时,可能会伴随有振动和发热现象,这些异常对驾驶人的

注意力造成干扰,甚至关系到车辆的行驶安全。以下是形成主减差速器异响的主要原因。

(1)齿轮磨损:主减差速器中的齿轮是传递动力的关键部件,随着使用时间的延长,齿轮可能会出现磨损,导致啮合不良,从而产生异响。

(2)轴承松动:主减差速器中的轴承如果松动,可能会导致内部齿轮在转动过程中产生摩擦,从而产生异响。

(3)润滑不良:主减差速器的润滑对于其正常运转至关重要。如果润滑不良,可能会导致齿轮和轴承在运转过程中产生摩擦,从而产生异响。

(4)异物进入:主减差速器内部如果进入异物,如沙子、金属屑等,可能会在齿轮和轴承之间产生摩擦,从而产生异响。

(5)装配不当:主减差速器的装配过程中如果存在不当操作,可能会导致内部部件位置不正确,从而产生异响。

(二)制订工作方案

1. 任务分工(表1-7)

学生任务分配表   表1-7

班级		组号		指导老师	
组长		任务分工			
组员1		任务分工			
组员2		任务分工			
组员3		任务分工			
组员4		任务分工			
组员5		任务分工			
组员6		任务分工			

2. 工量具、仪器设备与耗材准备

(1)使用的工量具有:＿＿＿＿＿＿＿＿＿＿＿＿＿＿＿＿＿＿＿＿＿＿。

(2)使用的仪器设备有:＿＿＿＿＿＿＿＿＿＿＿＿＿＿＿＿＿＿＿＿。

(3)使用的耗材有:＿＿＿＿＿＿＿＿＿＿＿＿＿＿＿＿＿＿＿＿＿＿。

3. 具体方案描述

＿＿＿＿＿＿＿＿＿＿＿＿＿＿＿＿＿＿＿＿＿＿＿＿＿＿＿＿＿＿＿＿＿＿

＿＿＿＿＿＿＿＿＿＿＿＿＿＿＿＿＿＿＿＿＿＿＿＿＿＿＿＿＿＿＿＿＿＿

＿＿＿＿＿＿＿＿＿＿＿＿＿＿＿＿＿＿＿＿＿＿＿＿＿＿＿＿＿＿＿＿＿＿

＿＿＿＿＿＿＿＿＿＿＿＿＿＿＿＿＿＿＿＿＿＿＿＿＿＿＿＿＿＿＿＿＿＿

＿＿＿＿＿＿＿＿＿＿＿＿＿＿＿＿＿＿＿＿＿＿＿＿＿＿＿＿＿＿＿＿＿＿

⚙ 三、计划实施

(一)安全注意事项及技能要点

1.安全注意事项

(1)作业之前戴好工作手套和安全帽。

(2)使用举升机前,检查并排除设备周围及车辆上的人和障碍物,确认安全锁止装置工作可靠。

(3)正确、规范使用主减差速器的检修工具。

(4)为避免人身伤害和部件损坏,拆卸及安装都需要液压举升设备辅助。

2.技能要点

(1)拆卸步骤:在拆卸主减差速器时,需要按照一定的步骤进行。首先,需要将车辆用举升机升起,并将主减差速器与传动轴分离;然后,需要拧开主减差速器的固定螺钉,并将主减差速器从车辆上取下;最后,需要将主减差速器的零部件逐一拆卸下来。

(2)安装步骤:在安装主减差速器时,需要按照一定的步骤进行。首先,需要将主减差速器的零部件清洗干净并晾干;然后,需要按照说明书上的顺序将主减差速器的零部件安装在一起;最后,需要用扳手等工具将主减差速器固定在车辆上。

(3)在进行主减差速器的拆装工作时,首先需要注意安全问题,确保操作过程中不会出现意外情况;其次,需要注意细节问题,确保每个零部件都安装正确无误;最后,需要注意调整问题,确保主减差速器的性能达到最佳状态。

(二)主减差速器异响的故障诊断与排除

主减差速器异响的故障诊断与排除操作方法及说明见表1-8。

主减差速器异响的故障诊断与排除操作方法及说明　　　　表1-8

步骤	操作方法及说明	质量标准及记录
1.前期准备	(1)车辆信息填写; 	□正确安装 □按"8S"要求整理

步骤	操作方法及说明	质量标准及记录
1. 前期准备	(2)安装防护三件套(座椅套、转向盘套、脚垫); (3)安装翼子板布和前格栅布 	
2. 安全检查	(1)插入尾气排放管; (2)检查驻车制动器和挡位; 	□正确安装 □正确使用数字万用表 □按"8S"要求整理

步骤	操作方法及说明	质量标准及记录
2. 安全检查	（3）检查机油液位、冷却液液位、制动液液位、蓄电池电压； （4）将车辆举升到合适高度（确认车轮离地） 	

续上表

步骤	操作方法及说明	质量标准及记录
3. 仪器连接	正确使用检测仪,检测发动机控制系统、制动系统等,记录故障码 	□正确连接 □按"8S"要求整理
4. 故障现象确认	(1)起动发动机前,确认车辆周围环境是否安全; (2)起动发动机,待发动机运行1min后,挂上挡位,让车轮开始旋转,认真感受故障发生时车辆整体变化和听取故障发生时主减差速器的声音; (3)如有需要,上路行驶测试	□正确观察 □按"8S"要求整理
5. 确定故障范围	(1)主减差速器齿轮有磨损; (2)主减差速器轴承磨损	□正确使用工具 □正确记录 □按"8S"要求整理
6. 主减差速器异响的故障诊断与排除	(1)切断电源负极;准备适当的工具和设备,如扭力扳手、拆卸工具、发动机吊架工具等; (2)利用举升机顶起车辆,并在到达符合维修高度后,锁止举升机;	□正确拆卸 □按"8S"要求整理

步骤	操作方法及说明	质量标准及记录
6. 主减差速器异响的故障诊断与排除	 (3)观察主减差速器外观情况,是否有破损、变形、漏油等; (4)用车下千斤顶支撑住发动机,检查是否支撑牢固; (5)对装配位置进行标记,清晰且不易脱落; (6)用专用工具将变速器总成从车上拆卸下来,将主减差速器从变速器总成中分离并规范放置于操作台; (7)检查主减差速器的外观是否破损、漏油、变形; (8)观察半轴油封是否损坏、漏油,查看主减差速器的放气孔是否正常工作; (9)检查主减差速器齿轮情况,将不符合标准的零件进行更换; (10)检查发现主减差速器齿轮有磨损,维修或更换新的齿轮组; (11)按维修手册流程组装主减差速器; (12)将主减差速器安装至车辆,并进行调整; (13)将所有部件安装、调试完成后,进行试车	□正确使用专用工具 □正确安装各部件

31

续上表

步骤	操作方法及说明	质量标准及记录
7.维修结果确认	修复后再次试车测试故障现象是否存在	□正确使用故障诊断仪 □按"8S"要求整理
8.现场恢复	(1)将工具恢复到位； (2)恢复车辆； (3)打扫干净地面卫生	□按"8S"要求整理

四、评价反馈(表1-9)

评价表   表1-9

评分项目	评分标准	分值(分)	得分(分)
学习目标	能明确本任务的知识、技能、素养目标,理解任务在工作中的重要程度	5	
工作任务分析	能清晰描述完成本次工作任务内容	2	
	能清晰描述完成本次工作任务需必备的技能与知识点	2	
有效信息获取	能描述主减差速器的功用	5	
	能描述主减差速器常见的异响现象及原因	5	
	能查阅维修手册,并根据手册完成操作流程	6	
	能根据故障现象及原因进行相应零部件的检修	5	
实施方案制订	能清晰地制订并填写本次主减差速器异响故障诊断与排除的准备作业计划	5	
	能组织或协同工作小组成员,明确本次任务所需仪器设备、工具、材料的准备与清点,并准备记录	5	
	能组织或协同工作小组成员交流,优化检查方案并记录	5	
任务实施	能根据路试法正确描述故障现象	5	
	通过故障现象确定故障位置,分析故障原因	5	
	通过查阅维修手册,结合分析结果,制订完善的检修方案	7	
	能进行主减差速器的拆装	5	
	能进行主减差速器的分解	5	
	能对行星轮进行检查	5	
	能利用检测工具找出异响故障原因,并作出正确的维修决策	7	

评分项目	评分标准	分值(分)	得分(分)
任务评价	能过本次任务实施,结合自己在实训过程中的表现,进行自我评价及自我反思并记录	3	
职业素养	按规定时间完成项目作业	2	
	遵守实训室管理规定、劳动纪律	2	
	积极参与课堂活动、回答问题	2	
	能够按时出勤	2	
思政要求	能独立实施"8S"、融入团队协作、提升职业素养	5	
合计		100	

改进建议:

教师签字:

日期:

学习活动 4 万向传动装置异响故障诊断与排除

一、明确任务

根据任务描述,客户车辆在行驶过程中出现异响,需对万向传动装置部件进行检查与更换,使其恢复正常使用性能。

二、工作准备与计划制订

(一)知识准备

汽车的万向传动装置是底盘传动系统中的主要组成部分之一,在汽车运行过程中承受着巨大的转矩和动态负荷。随着长时间的使用,这一组件的技术状态可能会发生变化,直接影响发动机动力的传递效能,降低传动效率,增加燃料消耗,加速轮胎磨损,同时也可能影响变速器和驱动桥的正常工作。

1.万向传动装置的功用与结构组成

(1)功用。

万向传动装置功用是变夹角传递动力,它连接了不在同一直线上的变速器、驱动桥、分动器以及驱动轮,确保在两轴之间的_____和_____不断变化的情况下,仍然能够可靠地传递动力。

(2)结构组成。

万向传动装置一般由_____和_____组成,当传动距离较远时,为了提高传动轴的刚度,还需设置_____。

2.万向传动装置的安装位置

(1)变速器——驱动桥。

万向传动轴通常安装在_____和_____之间,这是最常见的安装方式之一,特别适用于_____的车辆。如图 1-23 所示,动力从变速器输出,通过万向传动轴传输到驱动桥。由于变速器输出口与后驱动桥的输入口之间距离较远,采用了分段式传动轴,并在两个接口之间设置了中间支承。这种设计减小了传动轴的磨损和振动,确保了变速器和驱动桥之间在动力传递过程中的稳定性和可靠性,特别是在长距离传输的情况下效能更加明显。

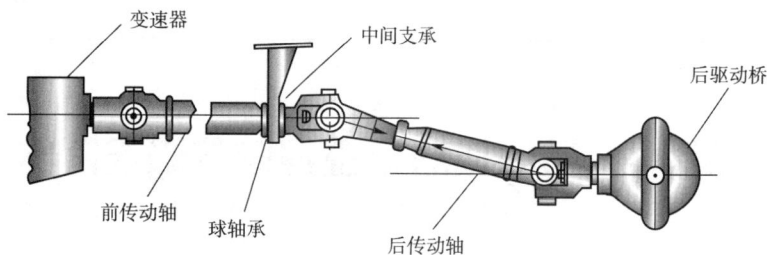

图 1-23　传动轴安装图

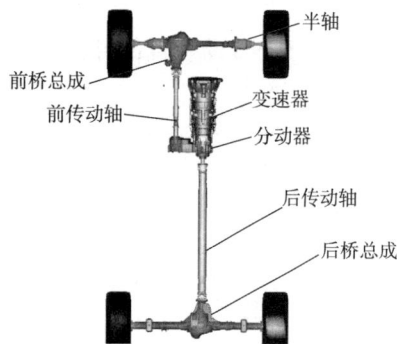

图 1-24　传动轴位置图

(2)分动器——驱动桥。

四轮驱动系统常见于越野车辆,在这种系统中,变速器将动力传递给分动器,然后通过前后万向传动轴将动力传输给前驱动桥和后驱动桥,如图 1-24 所示。当分动器与驱动桥之间距离较远时,前后万向传动轴也可以设置中间支承。在图 1-24 中,前驱动桥是断开式的,而后驱动桥是非断开式的(整体式驱动桥)。这种设计实现了车辆四个车轮的动力传递,增强了越野性能,并且在复杂地形下提供了更好的牵引力和稳定性。

（3）驱动桥——车轮。

汽车在行驶过程中需要将驱动桥的动力传递给驱动轮。驱动桥可以分为断开式驱动桥和非断开式驱动桥。非断开式驱动桥将驱动桥壳、主减速器、差速器和半轴集成为一个整体，直接连接到驱动轮。相反，断开式驱动桥需要通过万向传动装置传递动力到驱动轮，这个万向传动装置通常称为半轴或驱动半轴，如图 1-25 所示。前驱车辆通常配备两个前驱半轴，后驱车辆有两个后驱半轴，而四驱车辆通常具有四个驱动半轴。

图 1-25　驱动半轴外形

3. 万向节

万向节是实现转轴之间变角度传递动力的基本组件，根据速度特性可分为_____（常用的是十字轴式）和_____（常用的是三球销式和球笼式）。十字轴式刚性万向节主要用于连接发动机前置后轮驱动的变速器与驱动桥，而三枢轴球面滚轮式和球笼式万向节通常分别安装在驱动桥侧和车轮侧。这样的配置确保了在转轴变换角度的过程中，动力能够以不同的速度传递，适应车辆运动时的各种情况，提高了整个传动系统的效能和稳定性。

（1）十字轴式万向节。

十字轴式刚性万向节由万向节叉、十字轴、滚针轴承、滚针轴承套筒、轴承盖、油封等多个零部件组成，其结构如图 1-26 所示。十字轴式刚性万向节工作原理为：当转动其中一个节叉时，通过十字轴带动另一个节叉同时转动，同时又可以绕十字轴中心在任意方向摆动。在转动的

十字轴刚性
万向节结构

过程中，滚针轴承中的滚针能够自转，从而减轻摩擦。输入轴（也称为主动轴）与连接输入动力的轴相对应，而输出轴（也称为从动轴）则是通过万向节输出动力的轴。在输入轴和输出轴之间存在夹角的情况下，两者的角速度不相等，这可能导致输出轴及其连接的传动部件产生扭转振动，影响这些部件的寿命。因此，保持输入和输出轴之间的夹角在适当范围内是关键，以确保万向节的正常工作和传动系统的稳定性。

（2）三球销式万向节。

三球销式万向节主要由三柱槽壳、球面滚轮（球环）、滚针轴承、枢轴等多个零件组成，其结构如图 1-27 所示。在这个设计中，三柱槽壳的球道与三球销内组件的球环之间存在一定的间隙，以支持三球销的滑动。这个间隙是三球销式万向节设计的关键，确保了在传递动力的过程中，球环能够在球道内自由旋转，实现角速度相等的效果。

实际上，三球销式万向节并不是严格意义上的等速万向节。这是因为在存在摆角

的情况下，三叉节的中心并不在三柱槽壳的中心，而是在三柱槽壳内呈一环形移动。三球销式万向节通常仅限于应用在小摆角的情况下。这个特性限制了其在高摆角要求的应用场景中的使用，因为在大摆角条件下，其性能可能会受到影响。

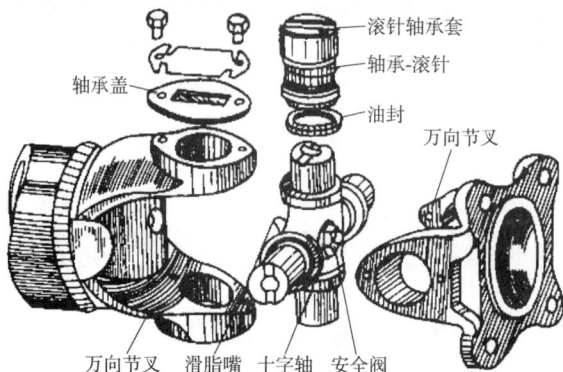

图 1-26　十字轴式万向节

（3）球笼式万向节。

球笼式万向节根据内、外滚道结构的不同，可分为伸缩式和固定式两种。伸缩式球笼万向节通常用于内万向节（靠近驱动桥），而固定式球笼万向节则主要用于外万向节（靠近车轮）。球笼式万向节的主要构成包括星形套（内滚道）、球形壳（外滚道）、保持架、钢球、内星轮、卡箍、防尘套等，如图 1-28 所示。在这个设计中，球形壳充当滚珠的外滚道，而星形套则是滚珠的内滚道。动力的传递路径为：半轴（主动轴）→星形套→滚珠→球形壳→车轮中心轴（从动轴）。

球笼式等速
万向节的结构

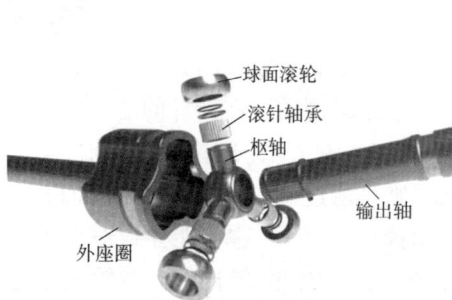

图 1-27　三球销式万向节

图 1-28　球笼式万向节

万向节的主要损伤形式是_____。

4. 传动轴

传动轴是万向传动装置的主要传力组件。安装于变速器与驱动桥之间的传动轴通常是空心轴，如图 1-29 所示，主要由传动轴管、花键轴、伸缩管以及万向节叉等零部件组成。驱动半轴安装于驱动桥和驱动轮之间时，由于在行驶过程中存在较大的摆动，因此半轴的传动轴通常采用实心轴的设计。该传动轴两端经过加工，设有花键和螺纹，以便与驱动轮、驱动桥有效地传递动力。

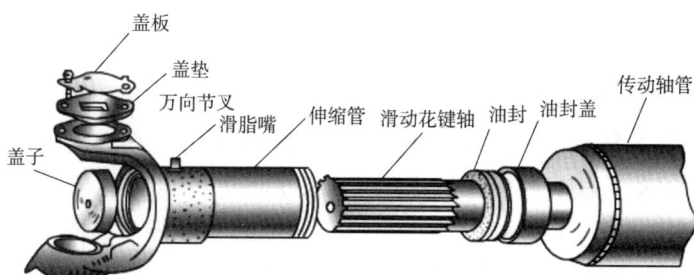

图 1-29　传动轴结构图

在汽车行驶过程中,由于变速器与驱动桥的相对位置经常变化,为防止运动干涉,传动轴配备了滑动花键,以实现长度的可调。作为传动部件,传动轴在工作过程中以高速旋转,因此需要进行动平衡检测。当传动轴过长时,自振频率降低,容易引发共振现象。为防止这种情况,传动轴被设计成分段结构,并加装中间支承。

传动轴的主要损伤形式有_____、_____或断裂等。

5. 中间支承

中间支承如图 1-30 所示,该支承系统由橡胶弹性元件和轴承、支承座等组成。橡胶垫具有弹性,能够有效地补偿安装误差,并在行驶过程中适应发动机的振动和车架的变形引起的位移。中间支承的常见损伤形式是_____和_____。

6. 防尘套

防尘套如图 1-31 所示,常用在汽车等速万向节中。该套件用于储存润滑脂,并防止泥沙等杂物进入万向节腔内,又被称为橡胶护套或防尘罩。由于万向节工作环境恶劣,受到温度变化、空气腐蚀、雨水侵蚀以及高速旋转的影响,防尘套容易受损并发生变质。因此,防尘套需要具备抗老化、抗疲劳、耐介质、抗变形等性能。一旦防尘套受损,灰尘、雨水和泥沙等可能进入,严重影响万向节的传动性能和使用寿命。

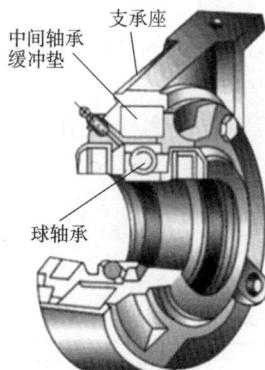

图 1-30　中间支承　　　　　图 1-31　防尘套

防尘套的主要损伤形式有_____等。

7. 万向传动装置常见异响形式及原因

万向传动装置常见异响包括传动轴的异响、中间支承总成的异响、万向节异响并伴着振抖等。

（1）传动轴异响。

现象：在万向节与伸缩节及中间支承部分技术状况良好的情况下，传动轴在中、高速行驶时出现异响，且车速越高，响声越大。严重时车身及转向盘发出振抖，甚至握转向盘的手有麻木感，若此时脱挡滑行，则振抖更为强烈。

导致这种现象的原因主要有：

①传动轴弯曲、轴管凹陷，破坏了原件的动平衡；

②传动轴上的平衡片失落或原件未进行动平衡补偿；

③装配时，同一传动轴两个万向节叉不在同一平面；

④中间支承橡胶圆环磨损、松旷、紧固方法不当，或吊架固定螺栓及万向节凸缘盘连接螺栓松动，使传动轴位置发生偏斜；

⑤传动轴花键轴与套管叉的花键磨损过甚，间隙过大。

（2）中间支承总成异响。

现象：汽车行驶时产生一种连续的"嗡"或"呜"的响声，车速越快，响声越严重，滑行时减弱或消失。

导致这种现象的原因主要有：

①中间支承轴承脱层、麻点、磨损过甚或缺少润滑油；

②中间支承橡胶圆环损坏或橡胶圆环隔套装配方法不当，过紧或过松、偏斜，致使滚动轴承承受附加载荷；

③中间支承架安装不正确，与车架固定的螺栓松动或松紧不一致及车架变形等。

（3）万向节异响。

现象：汽车起步或车速突然改变时，传动装置发出"嘎"一声；当汽车缓行时，响声更为明显，发出"呱啦、呱啦"的响声。

导致这种现象的原因主要有：

①由于长期缺少润滑油，引起万向节轴颈磨损，轴承磨损或损坏，造成松旷，使万向节游动角度过大；

②连接件的固定螺栓松动，包括万向节凸缘盘连接螺栓松动。

（二）制订工作方案

1. 任务分工（表1-10）

学生任务分配表 表1-10

班级		组号		指导老师	
组长		任务分工			
组员1		任务分工			
组员2		任务分工			

续上表

班级		组号		指导老师	
组员 3		任务分工			
组员 4		任务分工			
组员 5		任务分工			
组员 6		任务分工			

2. 工量具、仪器设备与耗材准备

(1) 使用的工量具有：_____。

(2) 使用的仪器设备有：_____。

(3) 使用的耗材有：_____。

3. 具体方案描述

_____

_____

_____

_____

_____

三、计划实施

(一) 安全注意事项及技能要点

1. 安全注意事项

(1) 作业之前戴好工作手套和安全帽。

(2) 使用举升机前，检查并排除设备周围及车辆上的人和障碍物，确认安全锁止装置工作可靠。

(3) 正确、规范使用万向传动装置的检修工具。

(4) 为避免人身伤害和部件损坏，拆下车轮驱动轴或车轮驱动轴螺母后，切勿使车辆质量加载在车轮上或尝试运行车辆，否则可能导致轴承内座圈分离，导致制动和悬架部件损坏以及车辆失控。

2. 技能要点

(1) 传动轴在安装时必须使两端的万向节叉处于同一平面。认真核对万向节、伸缩节等处的装配记号，在安装传动轴时，传动轴应按记号原位装复，确保万向节与传动轴之间旋转自如。特别是球笼式万向节，安装不当极易造成万向节保护架破损。

(2) 拆装过程中，注意保护轴上的花键。

（3）安装十字轴上的加油孔要朝向传动轴，以方便加注润滑脂。

（4）安装中间轴承，其轴承盖固定螺栓不可先拧紧。装配完毕，应试车走一段，使轴承自动找准中心，再进行旋紧，注意不可拧得过紧，以免将橡胶垫环压坏。

（5）当在车轮驱动轴上或在其附近进行维修时，要防止车轮驱动轴防护套、密封件和卡箍接触到锋利的物体。如果防护套、密封件或卡箍损坏，则可能会导致润滑油从万向节漏出，造成车轮驱动轴噪声增大且出现故障。

（二）万向传动装置的故障诊断与排除

万向传动装置的故障诊断与排除操作方法及说明见表1-11。

万向传动装置故障诊断与排除操作方法及说明   表1-11

步骤	操作方法及说明	质量标准及记录
1. 前期准备	（1）车辆信息填写； （2）安装防护三件套（座椅套、转向盘套、脚垫） 	□正确安装 □按"8S"要求整理
2. 安全检查	（1）检查举升机能正常工作； （2）检查驻车制动器和挡位； （3）检查机油液位、冷却液液位、制动液液位、蓄电池电压	□正确检查 □按"8S"要求整理
3. 仪器连接	正确连接汽车故障诊断仪，读取汽车运行的状态数据及故障信息	□正确连接 □按"8S"要求整理
4. 故障现象确认	（1）查阅维修手册，了解万向传动装置的结构特点及安装方式； （2）举升车辆，检查底盘传动部件是否有明显的松脱或油液泄露的情况； （3）起动发动机前，确认车辆周围环境是否安全； （4）根据车主反馈的故障现象进行上路行驶测试，通过异响声源的位置，确定具体哪一根万向传动装置发生故障； （5）根据异响的特点及与车速的关系，分析故障可能产生的原因	□正确操作 □按"8S"要求整理

步骤	操作方法及说明	质量标准及记录
5.确定故障范围	（1）传动轴异响； （2）万向节或伸缩节异响； （3）中间支承总成异响	□正确记录
6.万向传动装置异响故障诊断与排除	（1）利用举升机顶起车辆； （2）检查驱动半轴的实心轴和中间传动轴的空心轴（后驱和四驱）是否有明显的刮痕和弯曲，如有，更换万向传动轴总成； （3）检查防尘罩是否有明显的撕裂，如有，更换防尘罩； （4）检查中间传动轴总成的空心轴（后驱和四驱）上平衡片是否脱落，如有丢失，进行动平衡测试和校正； （5）用双手紧握传动轴，进行左右、前后晃动，检测万向传动装置紧固螺栓、中间支承底座安装螺栓是否有松动情况，如有，进行紧固； 	□正确检查 □按"8S"要求整理

步骤	操作方法及说明	质量标准及记录
6.万向传动装置异响故障诊断与排除	（6）挂空挡，用双手紧握传动轴并绕径向转动，检测传动轴花键连接间的间隙、万向节内部和中间支承内部的轴承是否能正常工作，若有较大间隙、转不动或转动异响等非正常情况，根据需求可分解万向传动轴总成，检查传动轴花键、万向节内部轴承、中间支承总成内部轴承是否有损坏，如有损坏，更换万向传动轴总成 	
7.维修结果确认	修复后再次检查万向传动装置异响的故障现象是否存在	□是 □否
8.现场恢复	（1）将工具恢复到位； （2）恢复车辆； （3）打扫干净地面卫生	□按"8S"要求整理

⚙ 四、评价反馈（表1-12）

评价表 　　　　　　　　　　　　　　　　　　　表1-12

评分项目	评分标准	分值(分)	得分(分)
学习目标	能明确本任务的知识、技能、素养目标,理解任务在工作中的重要程度	5	
工作任务分析	能清晰描述完成本次工作任务内容	2	
	能清晰描述完成本次工作任务需必备的技能与知识点	2	
有效信息获取	能描述万向传动轴安装位置	5	
	能描述万向传动装置常见的异响现象及原因	5	
	能查阅维修手册,并根据手册清楚获取万向传动装置的类型及安装方式	6	
	能根据故障现象及原因进行相应零部件的检修	5	
实施方案制订	能清晰地制订并填写本次万向传动装置异响故障诊断与排除的准备作业计划	5	
	能组织或协同工作小组成员,明确本次任务所需仪器设备、工具、材料的准备与清点,并准备记录	5	
	能组织或协同工作小组成员交流,优化检查方案并记录	5	
任务实施	能根据路试法正确描述故障现象	5	
	通过故障现象确定故障位置,分析故障原因	5	
	通过查阅维修手册,结合分析结果,制订完善的检修方案	7	
	能进行万向传动装置的拆装	5	
	能检查并判断传动轴的弯曲、磨损情况	5	
	能更换防护罩	5	
	能利用检测工具找出故障原因,并作出正确的维修决策	7	
任务评价	能过本次任务实施,结合自己在实训过程中的表现,进行自我评价及自我反思并记录	3	
职业素养	按规定时间完成项目作业	2	
	遵守实训室管理规定、劳动纪律	2	
	积极参与课堂活动、回答问题	2	
	能够按时出勤	2	
思政要求	能独立实施"8S"、融入团队协作、提升职业素养	5	
合计		100	

续上表

改进建议：
教师签字： 日期：

任务习题 »»»

一、不定项选择题

1. 下列哪个部件是离合器的重要组成部分？（　　）

    A. 离合器片　　　　　　　　B. 离合器盖

    C. 离合器活塞　　　　　　　D. 离合器压盘

2. 如何检查离合器的磨损程度？（　　）

    A. 通过手感来判断　　　　　B. 使用专用工具测量

    C. 根据车辆使用年限来判断　D. 以上都是

3. 下列哪个部件不属于离合器的组件？（　　）

    A. 离合器片　　　　　　　　B. 离合器压盘

    C. 轮胎　　　　　　　　　　D. 离合器轴

4. 主减差速器的作用是什么？（　　）

    A. 增加车辆动力　　　　　　B. 减少车辆动力

    C. 调节车辆速度　　　　　　D. 分配车辆动力

5. 主减差速器的主要故障有哪些？（　　）

    A. 卡滞、漏油、异响　　　　B. 磨损、漏油、异响

    C. 卡滞、断裂、异响　　　　D. 磨损、断裂、异响

6. 如何维护主减差速器？（　　）

    A. 定期检查油位和油质，及时更换润滑油

    B. 定期检查齿轮和轴承的磨损情况，及时更换损坏的零部件

    C. 定期检查行星轮系的磨损情况，及时更换损坏的零部件

    D. 以上都是

7. 手动变速器异响故障可能是以下哪个原因导致的？（　　）

　　A. 齿轮啮合不良

　　B. 同步器故障

　　C. 输入轴与输出轴不平衡

　　D. 所有选项都对

8. 在拆卸手动变速器时,以下哪个工具不应该使用？（　　）

　　A. 锤子　　　　　　　　B. 棘轮扳手

　　C. 电动扳手　　　　　　D. 扭力扳手

9. 手动变速器挂挡困难,以下哪个步骤有助于解决问题？（　　）

　　A. 更换同步器　　　　　B. 更换齿轮油

　　C. 调整换挡拉线　　　　D. 所有选项都对

10. 以下哪个部件不是手动变速器的主要组成部分？（　　）

　　A. 输入轴　　　　　　　B. 输出轴

　　C. 齿轮组　　　　　　　D. ABS 传感器

二、判断题

1. 离合器的主要作用是连接和断开发动机和变速器之间的动力传递。（　　）

2. 离合器能够将发动机的动力平稳地传递给变速器。（　　）

3. 离合器可以防止变速器因冲击力而损坏。（　　）

4. 主减差速器是车辆中最重要的部件之一,它负责将发动机的转速降低,以便与车轮的转速匹配。（　　）

5. 主减差速器可以改变车辆的行驶方向。（　　）

6. 转弯时万向传动装置发生异响通常是驱动半轴出现故障。（　　）

7. 汽车行驶中,能听到的一种周期性的响声,严重时会使车身发抖,手握转向盘有麻木的感觉,可能是传动轴的动平衡遭到破坏产生的异响。（　　）

8. 更换手动变速器的齿轮油时,应选择同型号的油品。（　　）

9. 手动变速器挂挡困难可能是同步器故障导致的。（　　）

10. 手动变速器异响故障可能是齿轮啮合不良引起的。（　　）

三、实操练习题

1. 进行离合器异响的故障排除。

2. 进行主减差速器异响的故障排除。

3. 进行驱动半轴异响的故障诊断与排除。

学习任务二

汽车转向无助力故障诊断与排除

学习目标 >>>

1. 知识目标

（1）能理解汽车转向系统的分类。

（2）能理解汽车转向系统故障的成因。

（3）能理解汽车转向系统故障诊断的原则。

（4）能掌握汽车转向系统故障诊断的基本方法。

（5）能掌握汽车转向系统故障诊断的基本流程。

（6）能掌握汽车转向系统故障诊断的注意事项。

（7）能区分汽车转向系统的人为故障和自然故障。

2. 技能目标

（1）能按照不同标准对转向系统故障进行分类。

（2）能运用转向系统故障诊断流程。

（3）能对汽车转向系统进行故障诊断。

3. 素养目标

（1）严格执行汽车故障诊断规范，养成严谨科学的工作态度。

（2）尊重他人的劳动，不窃取他人成果。

（3）养成团队协作精神。

（4）能够养成自觉遵守技术标准和要求规定、规范操作、安全、环保、"8S 管理"作业的好习惯。

（5）能够养成劳动光荣、创造伟大的正确思维和创新意识。

（6）养成主动思考、自主学习的习惯。

（7）提升发现问题、分析问题、解决问题的能力。

（8）培养知识总结、综合运用、语言表达的能力。

参考学时 >>>

48 学时。

任务描述 >>>

一辆汽车进厂维修,客户反映汽车行驶中转向无助力,出现助力转向警告灯点亮,需对其进行故障诊断与排除。

学习活动1 助力转向装置故障诊断与排除

一、明确任务

根据任务描述,车辆在行驶过程中转向时无助力效果,对故障车辆进行检测,需要对助力转向装置进行检查和更换,使其恢复正常使用性能。

二、工作准备与计划制订

(一)知识准备

1. 转向系统分类

用来改变或保持汽车行驶或倒退方向的一系列装置称为汽车转向系统,如图2-1所示。汽车转向系统的功能就是按照驾驶人的意愿控制汽车的行驶方向。汽车转向系统对汽车的行驶安全至关重要,因此,汽车转向系统的零件都称为保安件。转向系统和制动系统都是汽车安全必须重视的两个系统。

汽车转向系统分为两大类:_____和_____。完全靠驾驶人手力操纵的转向系统称为机械转向系统;借助动力来操纵的转向系统称为动力转向系统。动力转向系统又可分为_____、_____以及_____。

图2-1 汽车转向系统

2. 转向系统术语

(1)阿克曼定理。

依据阿克曼转向几何设计的车辆,沿着弯道转弯时,利用四连杆的相等曲柄使内侧轮的转向角比外侧轮大2°~4°,使四个轮子路径的圆心交会于后轴的延长线的转向中心,让车辆能够无滑动转弯,如图2-2所示。

（2）梯形连杆机构。

在实车上，_____及其横拉杆、_____构成一个转向梯形，如图2-3所示，两个车轮的转向轴与转向器相互平行，构成梯形的两条边。在实际应用中，由于很多车现在都采用独立式前悬架，转向器利用两个可以独立活动的转向横拉杆来解决单侧上下运动问题。

图2-2 阿克曼定理

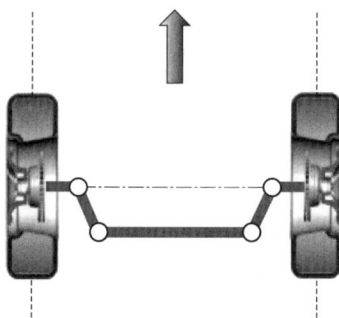

图2-3 梯形连杆机构

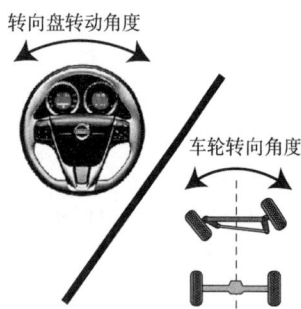

图2-4 转向角传动比

（3）转向角传动比。

转向角传动比是车辆转向系统中的一个重要参数，等于转向盘转动角度与车轮转向角度的比值，用于描述转向盘转动角度与车轮转向角度之间的关系，例如：如果转向盘转动360°（一圈），而车轮转向角度为12°，则转向角传统比为30∶1。图2-4所示为转向角传动比示意图。

转向角传动比是车辆转向系统设计中的关键参数，直接影响车辆的操控性和驾驶体验。通过合理设计转向比，并结合现代可变转向比技术，可以在不同驾驶条件下实现最佳的操控性能和舒适性。

（4）转向盘自由间隙。

转向盘自由间隙是指_____不发生偏转的情况下，_____所能转过的角度。这是整个转向系统和转向轮之间综合间隙的叠加。

转向盘的自由间隙可以减缓路面冲击，使转向柔和，同时还能降低驾驶人的疲劳强度。乘用车的转向盘的自由间隙一般为0~10°，如果间隙过大，则可能是由转向器或车轮等转向节过度磨损造成的。

（5）转向中心与转弯半径。

汽车转向时，要求所有车轮轴线都应相交于一点，此交点O称为转向中心。这样才能保证各车轮在转向过程中均做纯滚动，避免汽车在转向时轮胎与地面间产生滑动使轮胎严重磨损。图2-5为车辆转弯半径示意图，由图中的几何关系可见，汽车转向时内转向轮的偏转角β大于外转向轮偏转角α。在车轮为刚体的假设条件下，内、外两转向轮偏转角满足下面的关系式：

$$\cot\alpha = \cot\beta + \frac{B}{L} \qquad (2\text{-}1)$$

式中: B——两侧主销轴线与地面交点之间的距离,也称为轮距,m;

L——汽车轴距,m。

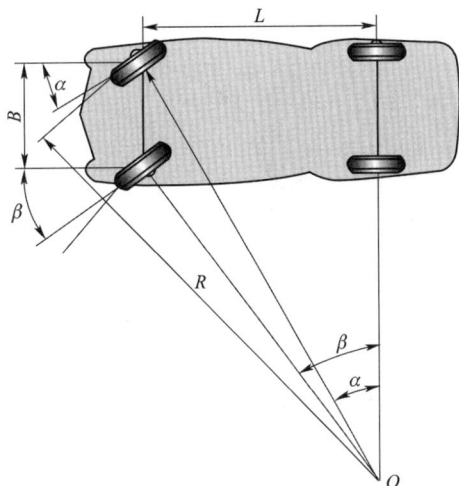

图 2-5 转弯半径

由转向中心 O 到外转向轮与地面接触点的距离 R 称为汽车的转弯半径。转弯半径越小,则汽车转向所需场地越小,其机动性就越好。由图 2-6 可知,当前外转向轮偏转角达到最大值 α_{max} 时,转弯半径 R 为最小值。最小转弯半径 R_{min} 与 α_{max} 的关系为:

$$K_{min} = \frac{L}{\sin\alpha_{max}} \qquad (2\text{-}2)$$

式中: R_{min}——最小转弯半径,m;

L——汽车轴距,m;

α_{max}——前外转向轮最大偏转角(°)。

转向盘的转角增量与同侧转向节转角的相应增量之比 $i\omega$ 为转向系统的角传动比。转向盘转角增量与转向摇臂转角相应增量之比 $i\omega_1$ 为转向器角传动比。转向摇臂转角增量与同侧转向节转角相应增量之比 $i\omega_2$ 为转向传动机构角传动比。显然有:

$$i\omega = i\omega_1 \cdot i\omega_2 \qquad (2\text{-}3)$$

对于一般汽车来说,转向传动机构角传动比 $i\omega_2$ 多为 1 左右,所以转向系统角传动比 $i\omega$ 主要由转向器角传动比 $i\omega_1$ 决定。转向系统角传动比 $i\omega$ 大,可使驾驶人操纵转向盘省力,但转向操纵机构不够灵敏,所以在选取 $i\omega$ 时应兼顾转向省力和转向灵敏的要求。重型载货汽车和中级以上轿车普遍采用动力转向系统以满足上述要求。一般载货汽车的转向器角传动比 $i\omega$ 为 16～32,而轿车的 $i\omega$ 为 12～20。

(6)转向梯形。

汽车转向梯形结构如图 2-6 所示,转向梯形由_____、_____和前轴构成,因其形状近似梯形得名。

汽车转向时,左右车轮按不同半径轨迹运动,内外侧车轮转向角度不同,转弯半径也不同。因此,设置合理的转向梯形可以保证车辆顺利转向,若缺少转向梯形或其设计不合理,汽车转向时车轮会产生滑动或拖滑,导致轮胎磨损加剧、转向沉重、降低汽车行驶安全性和操控稳定性。

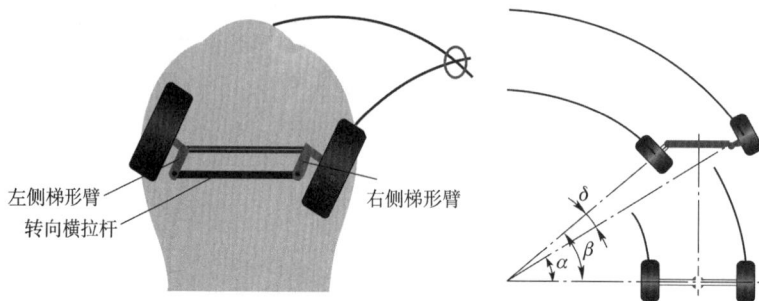

图 2-6 转向梯形

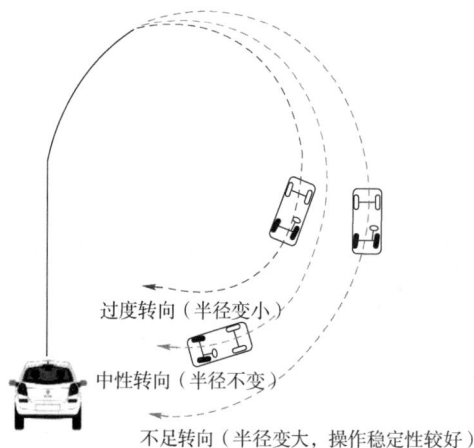

图 2-7 转向特性曲线

（7）转向系统的转向特性。

驾驶人将转向盘偏转一定角度,然后保持该角度并使车辆以一稳定车速转向,其转向所经过的路线称为车辆的转向特性,图 2-7 所示为转向特性曲线。若转向所经过的路线的转弯半径越来越大,即越来越远离预定路线,则为不足转向;若转弯半径越来越小,即越来越超出预定路线,则为过度转向;若转弯半径不变,即车辆按预定路线转向时,则为中性转向。实验表明,汽车具有适度的不足转向时,可获得良好的操纵稳定性。

3. 液压助力转向系统概述

1）液压助力转向系统作用

液压助力转向系统是一种经济型助力转向系统,它一般由液压泵、油管、压力流量控制阀体、传动带、储油罐等部件构成。无论车是否转向,这套系统都要工作,而且在大转向车速较低时,需要液压泵输出更大的功率以获得比较大的助力。所以,也在一定程度上浪费了资源。又由于液压泵的压力很大,也比较容易损害助力系统。

机械式液压助力转向系统结构如图 2-8 所示。其由转向阀、油泵、储油室、出油管、回油管等组成。为保持液压助力系统工作压力,不论是否需要转向助力,系统总要处于工作状态,能耗较高。

动力转向系统是将发动机输出的部分机械能转化为压力能,并在驾驶人控制下,对转向传动机构或转向器中某一传动件施加辅助作用力,使转向轮偏摆,以实现汽车转向的一系列装置。采用动力转向系统可以减轻驾驶人的转向操纵力,其结构如图 2-9 所示。

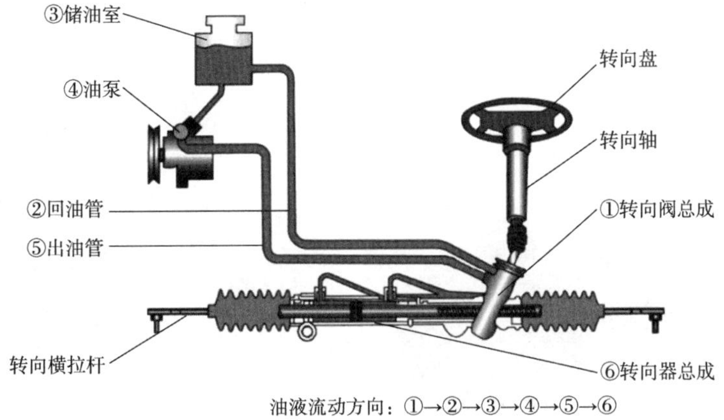

③储油室
④油泵
②回油管
⑤出油管
转向横拉杆
转向盘
转向轴
①转向阀总成
⑥转向器总成

油液流动方向：①→②→③→④→⑤→⑥

图 2-8　机械液压助力转向系统

2）液压助力转向系统组成

现代轿车动力大、速度快，为了操纵得轻便和灵敏，其转向器都加装了液压转向动力装置。液压转向动力装置具有工作噪声低、灵敏度高、体积小、能够吸收来自不平路面的冲击力的特点，在现代轿车上得到十分广泛的应用。液压助力转向系统结构如图 2-10 所示。

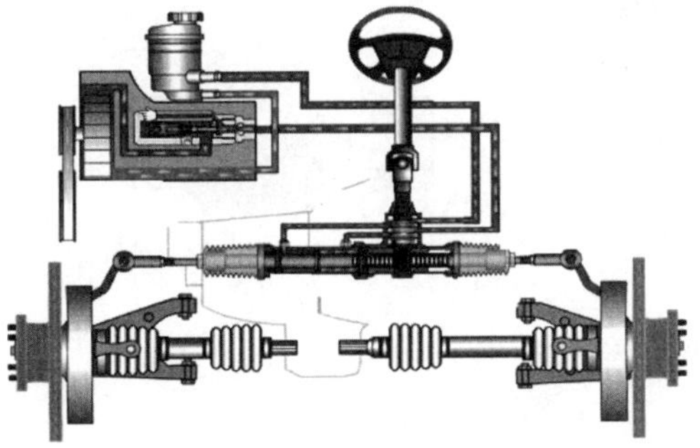

图 2-9　动力转向系统

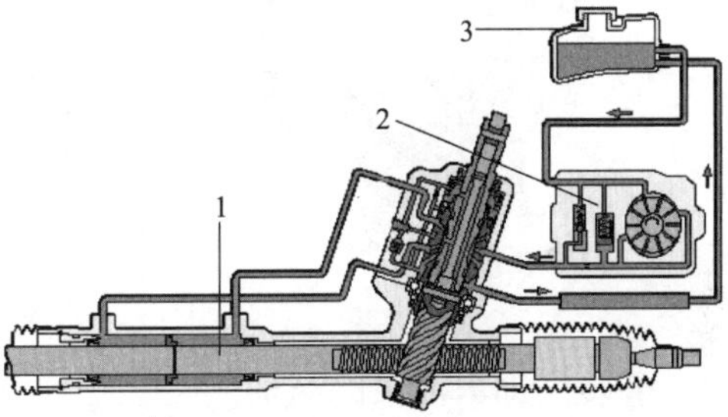

图 2-10　液压助力转向系统结构
1-转向器液压缸；2-转向助力油泵；3-转向助力油壶

（1）转向助力油壶。

转向助力油壶的主要作用是储存油液、过滤油液及缓冲回油速度等。

图 2-11 所示为轿车助力油壶的外形图。右侧的油管来自转向器，由于转向器回油有一定的压力，如果不加以控制，会在油壶内形成假沸腾的现象。为了避免这种现象，一般在回流管增加一个滤网，增加回流阻力，降低回流速度。另一种常见的结构是在回流板边上直接增加一个挡板，使回流油直接冲刷在挡板上，也起到降低回流速度的功能。如果这些功能部件损坏，可能造成假沸腾的现象。

（2）转向助力油泵。

转向助力主要是协助驾驶人做汽车方向调整，为驾驶人减轻转动转向盘时的用力强度。当然，转向助力在汽车行驶的安全性、经济性上也有一定的作用。

转向助力油泵是助力转向系统的动力源，其作用是将输入的机械能转换为液压能输出。在转向助力油泵只受发动机驱动的情况下,一旦发动机停止转动,油泵即无压力油输出。图2-12所示为转向助力油泵外形图。

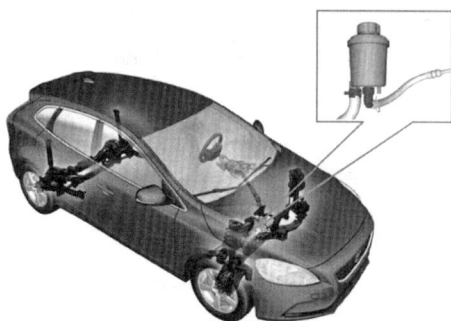

图2-11　转向助力油壶　　　　　　　图2-12　转向助力油泵

①转向助力油泵的类型。

如图2-13所示,转向助力油泵结构形式有转子式、齿轮式、叶片式(应用最广)等。

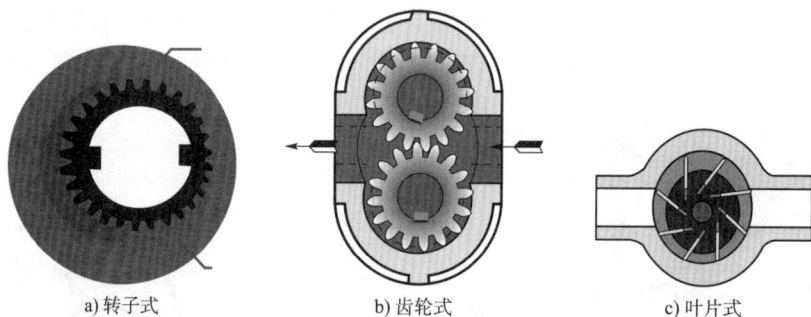

a)转子式　　　　　　b)齿轮式　　　　　　c)叶片式

图2-13　转向助力油泵类型

②转向助力油泵的结构。

转向助力油泵内部包括1个转子、1个定子,以及转子上的10个叶片。叶片可以随着空间的变化里外运动。

转向助力油泵形成2个工腔,在图2-14所示的视角中,转子逆时针运转。当叶片空间变大时,由进口吸入油液;当叶片空间变小时,由出口排出油液。

③转向助力油泵的工作原理。

转向助力油泵经转向控制阀向转向动力缸提供一定压力和流量的工作油液。目前,转向助力油泵大多采用双作用式叶片泵,这种油泵有两种结构形式:a. 潜没式;b. 非潜没式。潜没式转向油泵潜没在储液罐的油液中;非潜没式转向油泵的储液罐与转向油泵分开安装,用油管与转向油泵相连。液压转向助力油泵一般由发动机通过传动带驱动。

图2-15为双作用式叶片泵工作示意图。当转子顺时针转动时,叶片在离心力和高压油的作用下紧贴在定子的内表面上,从进油口吸入油液;而后工作容积由大变小,压缩油液,经出油口向外供油。由于转子每旋转一周,每个工作腔都吸、压油两次,故将

这种形式的叶片泵称为双作用式叶片泵。双作用式叶片泵有两个吸油区和两个排油区,并且各自的中心角是对称的,所以,作用在转子上的油压作用力互相平衡,因此,这种油泵也称为卸荷式油泵。

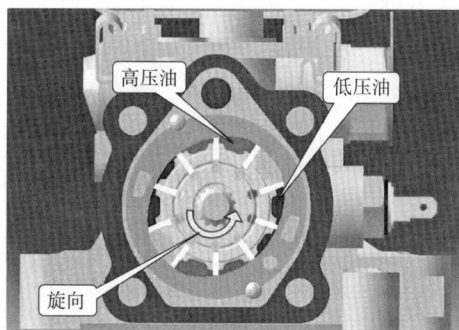

图 2-14　转向助力油泵结构

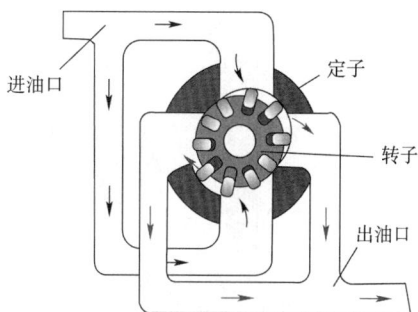

图 2-15　转向助力油泵工作示意图

④流量控制阀。

由于转向助力油泵是通过发动机传动带驱动的,发动机高速运转时,转向助力油泵也高速运转,产生的流量、压力与低速时有很大差别,为了保证驾驶人在高速与低速时操纵转向时有同样的反应,助力油泵的流量必须加以控制,保证在高速与低速几乎同样大小的流量,这个控制机构就是流量控制阀。

a.低速状态下的流量控制阀。

流量控制阀集成在转向助力泵一体。如图 2-16 所示,流量控制机构包括流量控制阀、节流孔、可变节流孔。在发动机低速状态下,油液的流速较慢,可变节流孔的阻力较小,在弹簧的作用下,不能推动可变节孔的柱塞。出口的流量较慢,出口的压力与流量控制阀下方的压力几乎相同,没有油液回流到泵的入口。

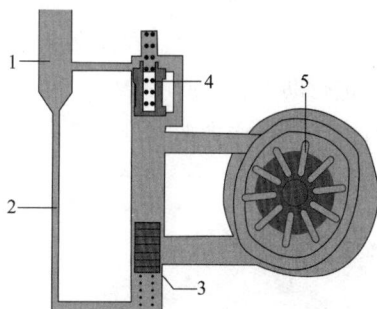

图 2-16　低速流量控制阀
1-油液出口;2-节流孔;3-流量控制阀;
4-可变节流孔;5-叶片泵

b.高速状态下的流量控制阀。

当发动机高速运转时,出口的流速加快,可变节流孔的阻力变大,柱塞的两端压差加大,推动柱塞向上移,减少出口的流量。同时,由于出口油液的快速流动,在文丘里原理的作用下,出口的节流孔产生效果,在流量控制阀的下方作用的压力减小,流量控制阀下移,使叶片泵的出口油液直接流回叶片泵的入口,降低了出口的压力与流量,如图 2-17 所示为高速流量控制阀结构示意图。

c.转向盘极限状态下的流量控制阀。

在转向盘极限状态下,油液变成静止状态,可变节流孔两端没有压力差,开度处于最大位置。由于没有流速,油液出口的压力与流量控制阀下方的压力相同。油泵达到最大压力,在最大压力的状态下,顶开流量控制阀,使油液流回叶片泵的入口。所以在这种状态下,不能持续时间过长,否则可能导致助力油泵损坏,如图2-18所示为转向盘极限状态下流量控制阀结构示意图。

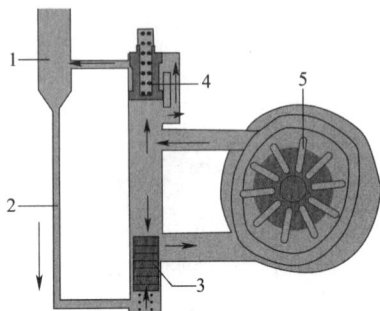

图2-17　高速流量控制阀

1-油液出口;2-节流孔;3-流量控制阀;

4-可变节流孔;5-叶片泵

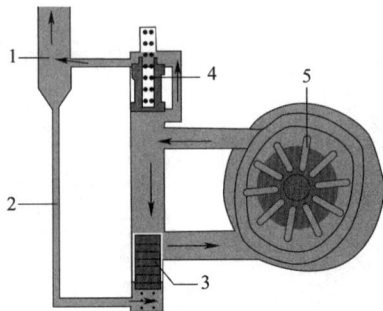

图2-18　转向盘极限状态下流量控制阀

1-油液出口;2-节流孔;3-流量控制阀;

4-可变节流孔;5-叶片泵

(3)液压助力转向器。

液压助力转向器的功能主要有以下几方面:液压助力执行、油液左右液压缸分配、路感反馈。液压助力转向器安装位置如图2-19所示。

①液压助力转向器的结构。

液压助力转向器在齿条上增加了液压缸,利用转子分配阀实现左右液压缸油液分配进行助力,结构如图2-20所示,液压助力转向机包括以下部件:左、右液压缸(液压缸中间通过一个油封进行隔离)、转向齿轮、转子分配阀、进油管、回油管。

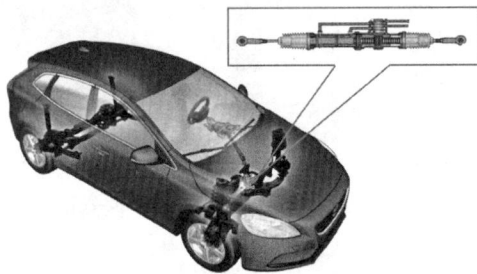

图2-19　液压助力转向器安装位置

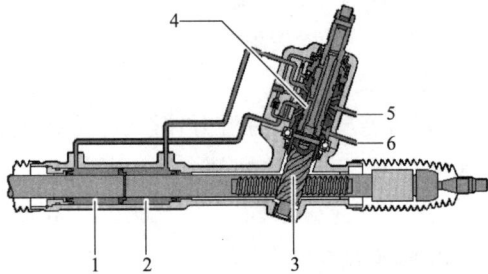

图2-20　液压助力转向器结构

1-左液压缸;2-右液压缸;3-转向齿轮;

4-转子分配阀;5-进油管;6-回油管

②转子分配阀的工作原理。

转子分配阀的功能是实现左右液压缸的分配,同时吸收路面冲击,减少冲击对转向产生的影响,转子分配阀结构如图2-21所示。

a. 回位杆:回位杆一端连接转向柱,另一端连接转向齿轮,回位杆的弹性主要用于确定起始助力的力矩及回位的强度。

b. 分配阀内套:分配阀内套与转向柱刚性相连,上面有几道竖向油槽,分别连接左右液压缸、回油管。

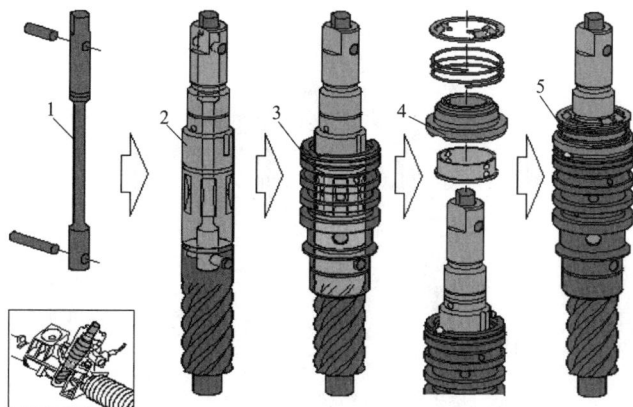

图 2-21　转子分配阀结构

1-回位杆;2-分配阀内套;3-分配阀外套;4-油封定位环;5-完整分配阀外形

c.分配阀外套:分配阀外套与转向齿轮刚性相连,外侧有三道横向油槽,分别连接左、右液压缸,进油管;内侧有竖向油槽。

d.油封:主要用于密封转向助力油,防止泄漏到外侧,油封只密封回位的油液。

转子分配阀(转阀)处于直线行驶位置时,由储液罐、转向油泵输出的油液流入转阀进油孔进入阀腔,如图 2-22 所示。由于转阀处于中立位置,它使转向动力缸的两腔相通,则油液经回油管路流回转向油罐。因此转向动力缸完全不起作用。故该动力转向装置为常流式转阀体式动力转向器。

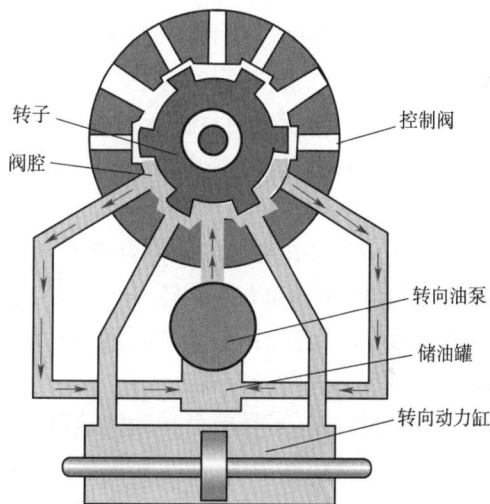

图 2-22　转子分配阀工作原理

如图 2-23 所示,当向右转动转向盘时,转向轴连同阀芯被顺时针转动时,阀芯转子封闭左侧液压腔,同时因受到转向节臂传来的路面转向阻力,动力缸活塞和齿条暂时都不能运动,转阀使动力缸左腔(驾驶人方向)成为高压的进油腔,使右腔成为低压的回油腔。作用在动力缸活塞左侧的液压作用力帮助转向齿轮迫使转向齿条开始右移,转向轮向右偏转。转向回正时,转向盘、转向轴带动阀芯回到中间位置,动力缸停止工作。某一时刻,转向盘停驻在某一位置不动时,车轮转角也就保持一定角度,若转向盘继续转动时,则转向动力缸又继续工作。这种转向动力缸随转向盘的转动而工作,又随转向盘的停止转动而停止加力动作的作用称为动力转向装置的随动作用。

向左转动转向盘时,转向轴连同阀芯被逆时针转动,受转向节臂传来的路面转向阻力作用,动力缸活塞和齿条暂时都不能运动,转向齿轮因而暂时也不能随转向轴转动。

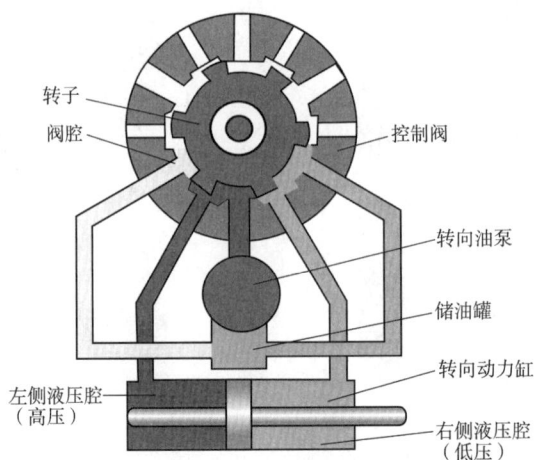

图 2-23　右侧转向盘分配阀工作原理

当轴传到转向齿轮的转矩使扭杆产生扭转变形,使转向轴得以相对转向齿轮转过不大的角度,从而转阀使动力缸左腔(驾驶人方向)成为高压的进油腔,使左腔成为低压的回油腔。作用在动力缸活塞上向右的液压作用力帮助转向齿轮迫使转向齿条开始左移,转向轮开始向左偏转。

③动力转向器的工作特点。

当转向盘停在某一位置不再继续转动时,此时阀体随螺杆在液压力和扭弹力的作用下,沿转向盘转动方向旋转一个角度,使之与阀芯相对角位移量减小,上、下动力腔油压差减小。但仍有一定的助力作用,此时的助力力矩与车轮的回正力矩相平衡,使车轮维持在某一转向位置上。

转向过程中,若转向盘转动的速度快,阀体与阀芯的相对角位移量也大,上、下动力腔的油压差也相应加大,车轮偏转的速度也加快;若转向盘转动的速度慢,车轮偏转的速度也慢;若转向盘转到某一位置上不动,对着车轮也转到某一相应的位置上不动。这就是所谓的"渐进随动原理"。

转向后需回正时,若驾驶人放松转向盘,阀芯回到中间位置,失去了助力作用,此时车轮在回正力矩的作用下自动回位;若驾驶人同时回转转向盘,转向助力器助力,帮助车轮回正。

4.汽车转向装置常见故障现象及原因

汽车转向装置的常见故障有转向沉重、一侧沉重、异响、噪声、漏油、转向盘抖动/打手、稳定性差、转向盘定位能力差等。

(1)转向沉重。

现象:汽车行驶中,驾驶人向左、右转动转向盘时,感到沉重费力,无回正感;汽车低速转弯行驶和掉头时,转动转向盘感到非常沉重,甚至转不动。

导致这种现象的原因主要有:

①转向轮轮胎气压不足,应按规定充气;

②转向轮本身定位不准或车轴、车架变形造成转向轮定位失准,应校正车轴和车架,并重新调整转向轮定位;

③转向器主动部分轴承调整过紧或从动部分与衬套配合太紧,应予调整;

④转向器主、从动部分的啮合间隙调整过小,应予调整;

⑤转向器缺油或无油,应按规定添加润滑油;

⑥转向器壳体变形,应予校正;

⑦转向管柱转向轴弯曲或套管凹瘪造成互相碰擦,应予修理;

⑧转向纵、横拉杆球头连接处调整过紧或缺油,应予调整或添加润滑脂;

⑨转向节主销与转向节衬套配合过紧或缺油,或转向节推力轴承缺油,应予调整或添加润滑脂等。

(2)转向时单边转向沉重。

现象:汽车转向系统转向时单边转向沉重是指在转向过程中,一侧转向的力量明显大于另一侧。

导致这种现象的原因主要有:

①转向器转向油封密封不好,油管连接螺栓松动,导致转向液泄漏;

②转向控制阀堵塞或损坏,导致控制阀工作不良;

③转向油泵控制阀内有异物,导致油泵不能正常工作;

④轮胎气压和前轮定位不符合正常行驶的要求。

(3)快速转动转向盘时沉重。

现象:汽车转向系统快速打方向时转向沉重是指在快速转动转向盘的过程中,转向力量突然增大。

导致这种现象的原因主要有:

①发动机转速不稳定;

②转向系统中有空气;

③油杯内油位过低,油杯内或系统内有杂质;

④前轮定位失效,各转向连杆有松动迹象或泵带松动打滑;

⑤转向泵控制阀被异物堵塞,导致工作不正常。

(4)转向泵和系统有异常噪声。

现象:汽车转向系统转向泵和系统出现异常噪声是指在转向操作过程中,转向泵或整个转向系统发出异常的噪声。

导致这种现象的原因主要有:

①油杯油位过低,系统漏油或动力转向系统有空气;

②油杯内的滤芯不干净,导致转向泵吸油量不足;

③转向系统内部清洁度差,导致定子、转子、分油器、端盖和输入轴过度磨损;

④安装连接过程中,油管堵塞、弯曲或共振,进出油不畅;

⑤由于转向系统过载运行,转向泵内部的定子和转子过度磨损,导致泵内油液运

动不规则,产生异响;

⑥发动机的其他转动部件,如水泵、空调压缩机、张紧轮、皮带轮等轴承环;

⑦泵安装位置低或汽车路况极差等问题导致油泵壳体外表面堆积大量泥沙和油脂,易使油泵输入轴和壳体滚珠轴承在使用中受到外界水、酸、碱的腐蚀;同时,若不定期对转向系统进行维护,油泵的滚珠轴承易烧坏或者卡住;

⑧转向器和转向泵在支架上安装松动,转向器内部磨损,齿轮齿条调整不当。

(5)动力转向系统漏油。

现象:转向系统中的动力转向部件发生泄漏,导致液体流失。

导致这种现象的原因主要有:

①油管、油杯、转向器和转向助力泵的连接部位漏油;

②转向泵进油管路松动、破损;

③油管和转向泵之间的接口处密封圈老化、管路老化;

④发动机缸体、发动机油箱、转向泵油杯、变速器油箱和变速器冷却油管漏油;

⑤转向系统清洁度不良,导致动力转向泵的流量压力控制阀中的阀芯被异物堵塞。

(6)动力转向液产生乳白色泡沫。

现象:汽车转向系统动力转向液中出现乳白色的气泡。

导致这种现象的原因主要有:

①转向系统中有空气;

②转向系统有液体泄漏。

(7)汽车突然转向(偏离)。

现象:在行驶过程中,汽车突然改变方向或偏离原本的行驶轨道。

导致这种现象的原因主要有:

①油杯的油位过低;

②转向盘球节松动或前轮定位不当;

③转向连杆变形或过度磨损;

④转向器中齿条的预紧度不平衡;

⑤转向盘定位不良,转向盘晃动或打手。

(二)制订工作方案

1. 任务分工(表2-1)

学生任务分配表 表2-1

班级		组号		指导老师	
组长		任务分工			
组员1		任务分工			
组员2		任务分工			

班级		组号		指导老师	
组员3		任务分工			
组员4		任务分工			
组员5		任务分工			
组员6		任务分工			

2.工量具、仪器设备与耗材准备

(1)使用的工量具有：_____。

(2)使用的仪器设备有：_____。

(3)使用的耗材有：_____。

3.具体方案描述

_____

_____

_____

_____

_____

三、计划实施

(一)安全注意事项及技能要点

1.安全注意事项

(1)作业前戴好工作手套和安全帽。

(2)拆卸开始前,断开汽车电源,用绝缘胶带将负极线包好,以防搭铁。

(3)使用举升机前,检查并排除设备周围及车辆上的人和障碍物,确认安全锁止装置工作可靠。

(4)正确、规范地使用电控助力装置的检测工具。

(5)为避免人身伤害和/或部件损坏,正确摆放转向盘安全气囊(使气囊膨胀方向朝上,铝壳朝下)。

2.技能要点

(1)拆下转向柱模块时,断掉蓄电池负极并拆卸转向盘,转向盘拆卸完在拆卸安全气囊旋转开关时切勿转动旋转开关,应当固定。否则可能导致旋转开关位置错位而造成损坏。

(2)拆下转向盘固定螺栓后,应当做好转向盘与转向柱的定位标记,否则会导致安装时对不正转向盘导致车辆行驶时转向盘不正。

（3）拆卸时,转向盘要回正,否则可能会导致转向盘与转向轮不能保持齐平。

（4）在拆卸过程当中,需正确使用内饰拆卸工具,拆卸转向柱护壳时,禁止暴力拆卸。

（二）助力转向装置故障诊断与排除

助力转向装置故障诊断与排除操作方法及说明见表2-2。

助力转向装置故障诊断与排除操作方法及说明　　　　表2-2

步骤	操作方法及说明	质量标准及记录
1.前期准备	（1）车辆信息填写; （2）安装防护三件套(座椅套、转向盘套、脚垫); （3）安装翼子板布和前格栅布	□正确安装 □按"8S"要求整理
2.安全检查	（1）安装车轮挡块; （2）插入尾气排放管; （3）检查驻车制动器和挡位; （4）检查机油液位、冷却液液位、制动液液位、蓄电池电压	□正确安装 □正确使用数字万用表 □按"8S"要求整理
3.仪器连接	点火开关关闭,正确连接汽车故障诊断仪	□正确连接 □按"8S"要求整理

步骤	操作方法及说明	质量标准及记录
4.故障现象 确认	（1）起动发动机前,确认车辆周围环境是否安全; （2）起动发动机后转动转向盘,检查动力转向柱总成下游的转向部件,如球节、转向横拉杆接头、万向节或转向机总成是否存在机械卡滞现象,确认故障症状并记录症状现象; （3）如有需要,上路行驶测试 	□正确观察 □按"8S"要求整理
5.确定故障 范围	（1）助力转向器内部零件损坏; （2）助力转向器周围连接部件松动或变形	□正确使用工具 □正确记录 □按"8S"要求整理
6.助力转向 装置故障 诊断与排除	（1）举升车辆,检查转向器各连接件之间的连接情况; （2）查阅动力转向系统的说明与操作,并进行必要的检查; （3）确认转向沉重的情况是否存在; （4）根据车辆胎压标准值,检查轮胎气压是否在正常范围内; （5）使用举升机规范举升车辆,检查转向传动机构外转向横拉杆是否卡滞或磨损,如有异常,进行维修或更换; （6）检查中间转向机是否磨损或卡滞,如有异常,进行维修或更换; （7）检查转向机是否磨损或卡滞,如有异常,进行维修或更换 	□正确检查安装状态 □正确使用故障诊断仪 □正确使用数字万用表 □正确测量电路 □正确测量熔断丝 □按"8S"要求整理
7.维修结果 确认	修复后再次检查转向器故障现象是否恢复	□正确使用故障诊断仪 □按"8S"要求整理
8.现场恢复	（1）将工具恢复到位; （2）恢复车辆; （3）打扫干净地面卫生	□按"8S"要求整理

四、评价反馈（表2-3）

评价表　　　　　　　　　　　　　　　表2-3

评分项目	评分标准	分值(分)	得分(分)
学习目标	能明确本任务的知识、技能、素养目标,理解任务在工作中的重要程度	5	
工作任务分析	能清晰描述完成本次工作任务内容	2	
	能清晰描述完成本次工作任务需必备的技能与知识点	2	
有效信息获取	能准确讲述助力转向装置的作用,并在汽车底盘上指明部件所在位置	5	
	能准确讲述助力转向装置的类型	5	
	结合控制原理图,能准确讲述助力转向装置的控制原理	5	
实施方案制订	能清晰地制订并填写本次助力转向装置的故障诊断与排除的准备作业计划	5	
	能组织或协同工作小组成员,明确本次任务所需仪器设备、工具、材料的准备与清点,并准备记录	5	
	能组织或协同工作小组成员交流,优化检查方案并记录	5	
任务实施	能规范完成前期准备	2	
	能规范完成安全检查	3	
	能规范完成仪器连接	3	
	能规范完成故障现象确认	3	
	能规范完成故障代码检查和确定故障范围	3	
	能规范完成基本检查	3	
	能规范完成助力转向紧固	10	
	能规范完成助力助力转向装置部件检查	10	
	能规范完成维修结果确认	3	
	能规范完成现场恢复	5	
任务评价	能通过本次任务实施,结合自己在实训过程中的表现,进行自我评价及自我反思并记录	3	
职业素养	按规定时间完成项目作业	2	
	遵守实训室管理规定、劳动纪律	2	
	积极参与课堂活动、回答问题	2	
	能够按时出勤	2	

评分项目	评分标准	分值(分)	得分(分)
思政要求	有劳动精神、奋斗精神、奉献精神	5	
合计		100	

改进建议：

教师签字：

日期：

学习活动 2　转向器故障诊断与排除

一、明确任务

根据任务描述,车辆在行驶过程中转向时无助力效果,对故障车辆进行检测,需要对转向器进行检查与更换,使其恢复正常使用性能。

二、工作准备与计划制订

(一)知识准备

1. 转向操纵机构

从转向盘到转向传动轴这一系列部件和零件属于转向操纵机构(图2-24)。它包括_____、_____、_____等,作用是将驾驶人转动转向盘的操纵力传递给转向器。部分转向系统考虑车架变形的影响,在转向操纵机构中增加了一个挠性万向节;由于总布置的要求,部分转向系统转向盘与转向器的轴线相交成一定角度,并使用了万向节和传动轴。

1)转向盘

转向盘(图2-25)不仅要完成转向力的传递,还要满足驾驶人对所驾驶车辆的其他功能需求。轿车转向盘除了转向基本功能外,其上还安装有喇叭按钮、音响按钮,从而提高驾驶人操作的方便性。

如图 2-26 所示,转向盘由_____、_____、_____组成。转向盘的轮辐一般较软,外面由较软的泡沫等材料组成,能最大限度地吸收驾驶人的冲击能量,从而防止二次碰撞时,转向盘对驾驶人的伤害。

图 2-24　汽车转向操作机构　　　　图 2-25　转向盘

轮辐一般为三根辐条或四根辐条,也有部分车辆采用两根辐条。转向盘轮毂孔具有细牙内花键,借此与转向轴相连。转向盘内部由成型的金属骨架构成,骨架外面一般包有柔软的合成橡胶、树脂或皮革,以此确保较好的手感,同时防止驾驶人手心出汗时握转向盘打滑。

转向盘结构 3D
结构展示

当汽车发生碰撞时,从安全性考虑,不仅要求转向盘具有柔软的外表皮以起缓冲作用,还要求转向盘骨架产生变形以吸收冲击能量,从而减轻驾驶人的受伤程度。

转向盘上都装有喇叭按钮,有些轿车的转向盘上还装有车速控制开关和汽车发生碰撞时保护驾驶人的气囊装置。

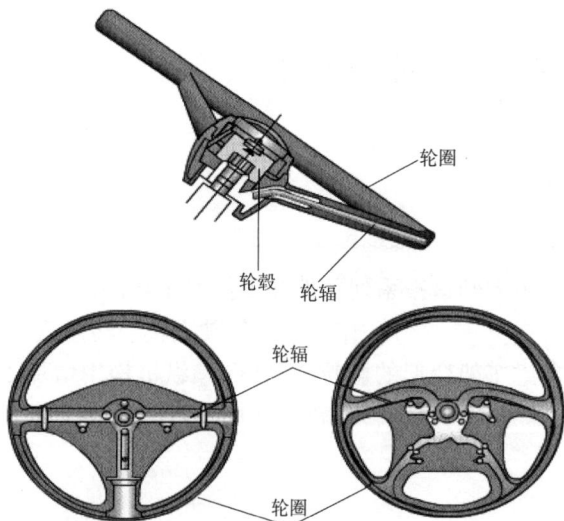

图 2-26　转向盘结构

2）转向柱

转向轴是连接转向盘和转向器,并传递他们之间的转矩的传动件。转向柱安装在车身上,支撑着转向盘,转向轴从转向柱中间穿过。转向轴多由无缝钢管制成,上部通过轴承或衬套支承在转向柱内,下部支承在下固定支架内的轴承中,轴承下端装有弹簧,可自动消除转向柱与转向轴之间的轴向间隙。转向柱的下端压装在下固定支架的孔内。下固定支架用两个螺栓固定在驾驶室底板上。转向管柱上端通过上支架固定在驾驶室前围仪表板上,如图 2-27 所示。近年来,由于汽车车速的提高,许多国家都制定了严格的安全法规,除要求汽车安装有吸能装置的转向盘外,还要求其转向柱管也备有缓和冲击的吸能装置。转向轴和转向柱的吸能装置有多种形式,其基本机构原理是:当转向轴受到巨大冲击时,其发生轴向位移,使支架或某些支承件产生塑性变形,从而吸收冲击能量。

（1）溃缩式转向柱。

部分轿车上采用溃缩式转向柱来保证驾驶人安全。当车辆前部受到碰撞时,转向柱内套与外套之间发生相对溃缩,防止方向冲击驾驶人的胸部,溃缩式转向柱结构如图 2-28 所示。

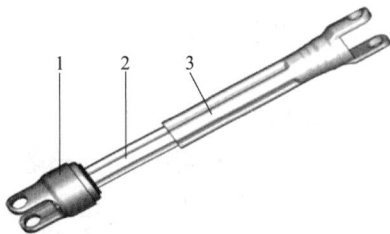

图 2-27　转向柱安装位置

图 2-28　溃缩式转向柱

1-万向节连接凸缘;2-伸缩节内套;3-伸缩节外套

（2）沉式转向柱。

当车辆发生碰撞时,驾驶人由于惯性继续向前移动,导致驾驶人的胸部可能与转向柱撞击,为了防止撞击带来的伤害,一般将转向柱设计成下层式（图 2-29）,其在发生碰撞时可吸收转向柱对驾驶的冲击能量,保证驾驶人的安全。

2. 转向器

转向器的作用是使驾驶人通过适当的力转动前轮。20 世纪初期,转向器主要分为螺杆蜗轮蜗杆式与齿扇式,其优点是驾驶人转动前轮时节省了转向力,但也产生了较大摩擦力。此后,汽车厂商将大多后驱动的汽车换成轻便、经济性好的前驱动汽车,这种汽车需要使用尺寸尽可能小、质量尽可能轻的零件,齿轮齿条式转向器（图 2-30）可以满足上述要求。

1）定传动比与变传动比

传动比越大,驾驶操纵越省力,但驾驶人操纵的角度就越大,不利于方向的快速响应;传动比越小,驾驶操纵越费力,但驾驶人操纵的角度就越小,方向响应越快。而定传动比转向器不能兼顾上述功能,所以现在部分转向器采用变传动比。转向盘在中间位置需要的转向力小且经常使用,要求转向灵敏,希望中间位置附近速比小,以提高灵敏性。大角度转向位置转向阻力大,但使用次数少,希望大角度位置速比大一些,以减小转向力。

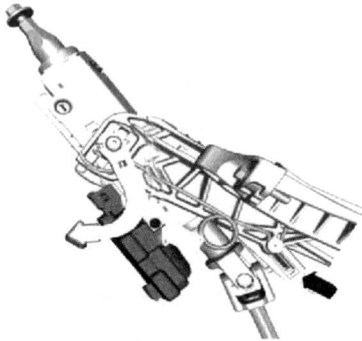

图2-29 下层式转向柱

图2-30 转向器

2)定传动比转向器

在定传动比转向机构中,通过整个齿条运动范围时,其传动比保持不变。所有齿条的齿隙都是相同的,转向齿轮的移动量与齿条的移动量完全相同,其结构如图2-31所示。

3)变传动比转向器

在变传动比转向机构中,传动比随机构位置的变化而变化。与定传动比不同,变传动比能使齿条运动发生变化,这取决于机构的位置。齿轮齿和齿轮隙尺寸的改变使变传动比得以实现,其结果是在不增加中心灵敏度的同时,减少转向盘在左、右大范围转动时的转动力,其结构如图2-32所示。

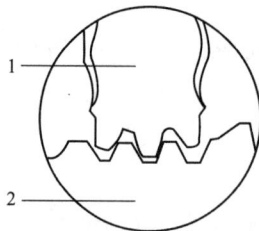

图2-31 定传动比转向器
1-转向齿轮;2-齿条齿形

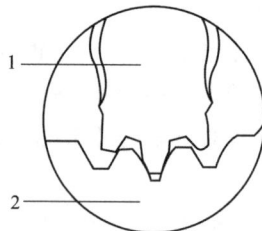

图2-32 变传动比转向器
1-转向齿轮;2-齿条齿形

4)齿轮齿条式转向器

齿轮齿条式转向器结构是一种最常见的转向器,其如图2-33所示。它的优点是结构简单,成本低廉,转向灵敏,体积小,可以直接带动横拉杆。齿轮齿条式转向器在轿车上得到广泛应用。

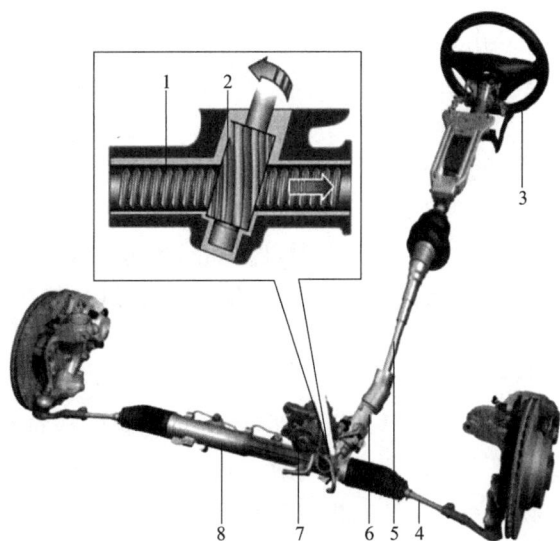

图 2-33　齿轮齿条式转向器结构

1-转向齿条;2-小齿轮;3-转向盘;4-转向横拉杆;5-转向柱;6-带有阀门调节机构的扭力杆;7-液压转向助力泵;8-齿轮齿条式转向器

（1）齿轮齿条式转向器工作原理。

图 2-34 所示为齿轮齿条式转向器工作原理示意图,转向齿轮轴只可转动,不可平移,与之配合的是一个齿条,通过齿轮向左或向右的转动来实现齿条的左右移动。

（2）齿轮间隙调整。

如图 2-35 所示,为了保证转向器工作时齿轮与齿条间隙为最佳,减少受冲击时的噪声,在齿条与齿轮之间有一个螺母,螺母下面有一个弹簧,以保证合适的预紧力。随着使用这个间隙越变大,转向盘的自由间隙变大,在受到路面冲击时,可能引起过大的噪声。注意:自由间隙过大可能由内部磨损造成,因此售后维修中,不允许手动调整螺母,以避免调整过紧而导致在转向到某一位置时转向阻滞或失灵。

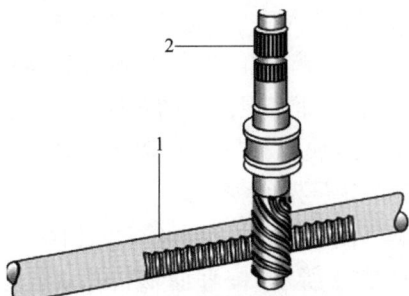

图 2-34　齿轮齿条式转向器工作原理示意图

1-齿条;2-转向齿轮轴

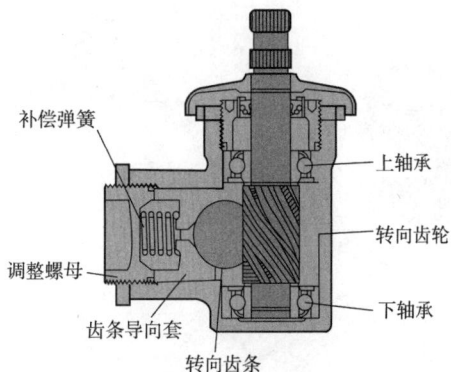

图 2-35　齿轮间隙调整

（3）循环球式转向器。

循环球式转向器主要由螺杆、螺母、转向器壳体以及许多小钢球等部件组成，循环球指的就是这些小钢球，它们被放置于螺母与螺杆之间的密闭管路内，起将螺母螺杆之间的滑动摩擦转变为阻力较小的滚动摩擦的作用，当与转向盘转向管柱固定到一起的螺杆转动起来后，螺杆推动螺母上下运动，螺母再通过齿轮来驱动转向摇臂往复摇动从而实现转向。在这个过程当中，那些滚珠就在密闭的管路内循环往复地滚动，所以这种转向器就被称为循环球式转向器，其结构如图2-36所示。

循环球式转向器在中、大型商用汽车上较多被使用，但是其在小型乘用车上已经越来越少被使用。

（4）蜗杆曲柄指销式转向器。

蜗杆曲柄指销式转向器的如图2-37所示，它的传动副以转向蜗杆为主动件，以装在摇臂轴曲柄端部的指销为从动件。转向时，通过转向盘转动蜗杆、嵌于蜗杆螺旋槽中的锥形指销（一边自转，一边绕转向摇臂轴做圆弧运动），从而带动曲柄和转向垂臂摆动，再通过转向传动机构使转向轮偏转。这种转向器通常用于转向力较大的载货汽车上。

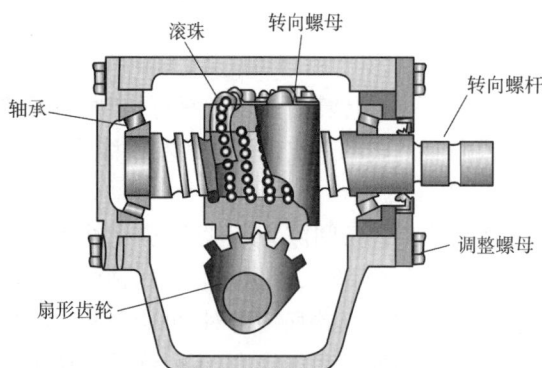

图2-36　循环球式转向器

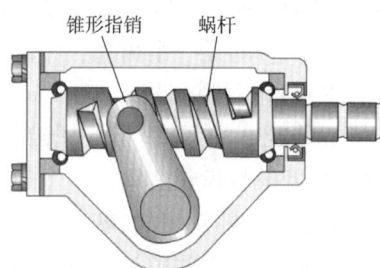

图2-37　蜗杆曲柄指销式转向器

图2-38　转向传动机构

3. 转向传动机构

转向传动机构（图2-38）的功用是将转向器输出的力矩放大后，传递到转向桥两侧的转向节，使两侧的转向轮偏转，且使偏转角按一定关系变化，从而实现汽车的转向行驶。转向传动机构的组成与布置形式取决于转向器的位置和转向轮悬架的类型。

1）蜗杆曲柄指销式转向传动机构

如图2-39所示，蜗杆曲柄指销式转向传动机构主要包括转向直拉杆、转向节臂、梯形臂和转向横拉杆等组成。

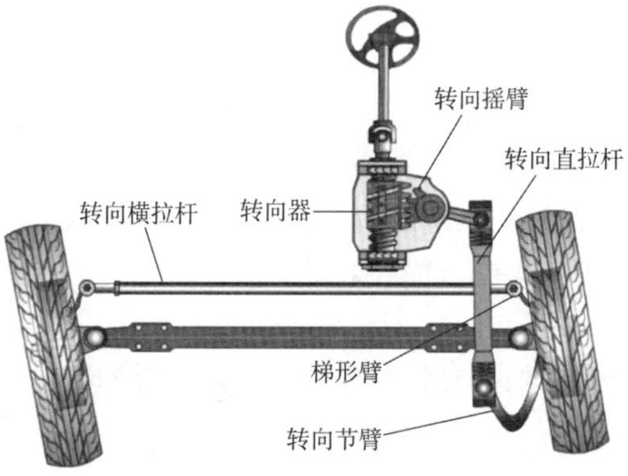

图 2-39　蜗杆曲柄指销式转向传动机构

（1）转向摇臂。

转向摇臂的作用是把转向器输出的力和运动传给直拉杆或横拉杆，进而推动转向轮偏转。转向摇臂的典型结构如图 2-40 所示，它多采用铬钢类的优质钢经锻造和机械加工制成，上端加工出带细齿花键的锥孔与转向臂轴连接，下端通过球头销与直拉杆连接。转向摇臂通过焊接或螺栓连接在一起。球头销的球面部分必须耐磨损，并且能承受较大的冲击负荷，因此对球头销球表面进行表面强化和硬化处理。转向摇臂的摆动方向随转向传动机构的布置方式不同而不同，分为前后方向摆动和左右方向摆动。

为了保证转向摇臂轴在中间位置时，从转向摇臂起始的全套转向机构也处于中间位置，在摇臂轴的外端面和转向摇臂上花键孔的外端面上刻印有短线，作为装配标志。装配时，应使两个零件上的标记对齐。

（2）转向直拉杆。

转向直拉杆的作用是将来自转向摇臂的力和运动传给转向梯形臂（或转向节臂）。它所受的力既有拉力也有压力，因此直拉杆都是采用优质特种钢材制造而成，以保证其工作可靠。在转向轮偏转或因悬架弹性变形而相对于车架跳动时，转向直拉杆与转向摇臂及转向节臂的相对运动都是空间运动，为了不发生运动干涉，上述三者间的连接都采用球销，其结构如图 2-41 所示。

图 2-40　转向摇臂

图 2-41　转向直拉杆

（3）转向横拉杆。

转向横拉杆是汽车转向系统中的关键部件之一，安装在车辆底盘前部，主要用于连接转向齿轮（或转向机）和转向节，将转向盘的旋转运动传递到车轮，从而实现车辆的转向控制。转向横拉杆为根金属杆，通常由高强度钢制成，具有一定的刚性和韧性，如图 2-42 所示。根据车辆转向系统的设计，转向横拉杆可分为以下两种类型。

①整体式横拉杆：内外球头与横拉杆本体为一体式结构，通常用于非独立悬架系统。

②分体式横拉杆：内外球头与横拉杆本体为分体式结构，便于更换和维修，常用于独立悬架系统。

（4）转向减振器。

随着车速的提高，现代汽车的转向轮有时会产生摆振（转向轮绕主销轴线往复摆动，甚至引起整车车身的振动），这不仅影响汽车的稳定性，而且还影响汽车的舒适性、加剧前轮轮胎的磨损。在转向传动机构中设置转向减振器是避免转向轮摆振的有效措施。转向减振器的一端与车身（或前桥）铰接，另一端与转向直拉杆（或转向器）铰接。转向减振器是内部充满液体的筒式减振器，并利用液体分子的内摩擦产生的黏性阻尼来衰减振动。图 2-43 所示为转向减振器。

图 2-42　转向横拉杆　　　　　　　　图 2-43　转向减振器

因转向减振器是呈水平状态布置在汽车上，故对其密封性的要求较高，并备有隔离工作液体和空气的补偿室。减振器工作时，补偿室的容积发生变化，因此，补偿室常由具有弹性的皮囊制成。在压缩行程，液体挤开活塞上的流通阀之后流过流通孔，与此同时活塞排挤液体压开压缩阀座上的压缩阀后进入补偿室，使皮囊膨胀。在拉伸行程，液体挤开活塞上的复原阀通过复原孔，同时皮囊靠本身弹性复位，使补偿室内的液体挤开阀座上的补偿阀后进入工作腔，以补偿活塞杆所空出的容积。液体如此往复地通过这些孔道时，其分子间的内摩擦阻力就逐步衰减了活塞往复拉伸和压缩所形成的振动。

2）齿轮齿条式转向传动机构

当转向轮为独立悬架时，每个转向轮都需要相对于车架作独立运动，因而转向桥必须是断开式的。与此相应，转向传动机构中的转向梯形也必须是断开式的。所以采用齿轮齿条转向传动机构,其结构如图2-44所示。

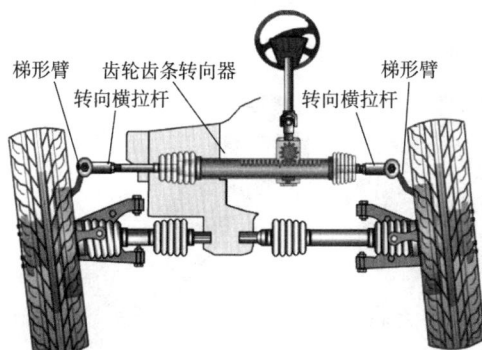

图2-44　齿轮齿条式转向传动机构

齿轮齿条转向传动机构是一种最常见的转向传动机构。其基本结构是一对相互啮合的小齿轮和齿条。转向轴带动小齿轮旋转时,齿条便做直线运动。有时,由齿条直接带动横拉杆,便可使转向轮转向。

(1)转向横拉杆。

转向横拉杆(图2-45)是汽车的转向系统的一个主要零件,其连接左、右车轮的转向臂,以此将方向机动力传给转向节,从而控制车轮。转向横拉杆不仅可以使两个车轮同步,还可以调整前轮前束。

转向横拉杆两端都配有球形铰节,起在悬架上下运动时,转向器随之运动的作用。图2-45中,转向横拉杆通过螺纹与转向球头相连,在箭头所示的位置,可以调节前轮前束。

图2-45　齿轮齿条式转向横拉杆

(2)转向横拉杆内防尘套。

为了保证转向内球头不受灰尘影响,在球头的位置配有防尘套(图2-46)。同时由于齿条会伸长与收缩,防尘套形成可以伸长与收缩的波纹管形式。

(3)转向节臂。

转向节臂(图2-47)是整个转向梯形的重要组成部分,其形成梯形两个斜边,是实现阿克曼定理的基础。现在乘用车转向

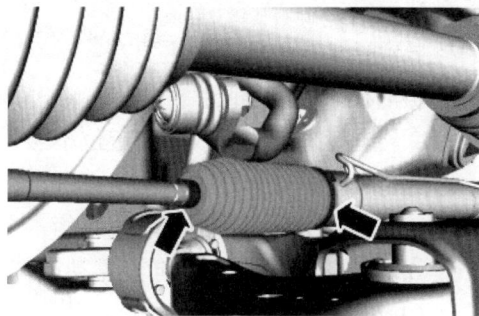

图2-46　转向横拉杆内防尘套

节臂都与转向节集成在一体,出厂时就铸造成型,梯形臂变形会导致转向梯形失效,左、右转向角不能满足阿克曼定理,车轮在转向时出现滑动,造成转胎的早期磨损。因此如果出现变形情况,不能进行对元件的调整,而是更换转向节总成。

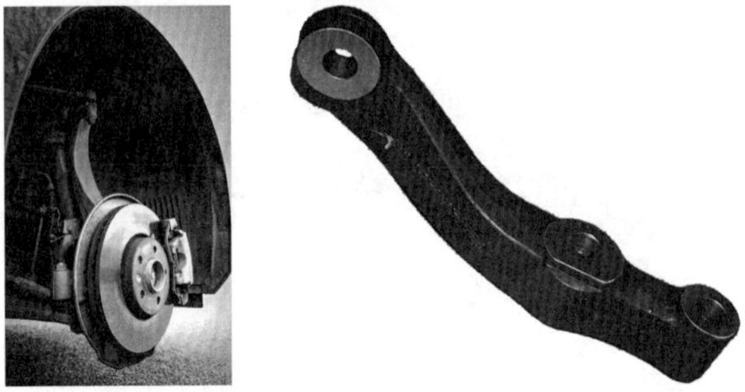

图 2-47　转向节臂

4.汽车转向器常见故障及原因

转向器常出现的故障有转向器异响、转向跑偏、转向沉重、转向盘自由行程过大等。

(1)转向器异响。

现象:齿轮齿条转向器在正常行驶过程中发出异常噪声。

导致这种现象的原因主要有:

①转向器内部零件损坏,如齿轮、齿条磨损过度,蜗轮、蜗杆磨损过度等;

②转向器安装不当,导致松动或错位;

③转向器主动部分轴承调整过紧或从动部分与衬套配合太紧;

④转向器主、从动部分的啮合间隙调整过小;

⑤转向器缺油或无油;

⑥转向器壳体变形;

⑦转向器周围部件松动或变形,如减振器、轴承座等。

(2)汽车转向跑偏(偏离)。

现象:汽车转向跑偏(偏离)是指在行驶过程中,汽车突然改变方向或偏离原本的行驶轨道。

导致这种现象的原因主要有:

①油杯的油位过低;

②转向盘球节松动或前轮定位不当;

③转向连杆变形或过度磨损;

④转向器中齿条的预紧度不平衡;

⑤转向盘定位不良,转向盘晃动或打手。

(3)转向沉重。

现象:汽车行驶中,驾驶人向左、右转动转向盘时,感到沉重费力,无回正感;汽车低速转弯行驶和掉头时,转动转向盘感到非常沉重,甚至转不动。

导致这种现象的原因主要有:

①转向轮轮胎气压不足;

②转向轮本身定位不准或车轴、车架变形造成转向轮定位失准;

③转向器主动部分轴承调整过紧或从动部分与衬套配合太紧;

④转向器主、从动部分的啮合间隙调整过小;

⑤转向器缺油或无油;

⑥转向器壳体变形;

⑦转向管柱转向轴弯曲或套管凹瘪造成互相碰擦;

⑧转向纵、横拉杆球头连接处调整过紧或缺油;

⑨转向节主销与转向节衬套配合过紧或缺油,或转向节推力轴承缺油。

(4)转向盘自由行程过大。

现象:在正常行驶过程中,车辆转向盘的自由行程过大。

导致这种现象的原因主要有:

①转向器内部零件磨损过度,导致间隙过大;

②转向盘与转向器之间的连接松动或脱落。

(二)制订工作方案

1.任务分工(表2-4)

学生任务分配表 表2-4

班级		组号		指导老师	
组长		任务分工			
组员 1		任务分工			
组员 2		任务分工			
组员 3		任务分工			
组员 4		任务分工			
组员 5		任务分工			
组员 6		任务分工			

2.工量具、仪器设备与耗材准备

(1)使用的工量具有:_____。

(2)使用的仪器设备有:_____。

(3)使用的耗材有:_____。

3.具体方案描述

三、计划实施

(一)安全注意事项及技能要点

1. 安全注意事项

(1)作业之前戴好工作手套和安全帽。

(2)拆卸开始前,切记要将汽车电源断开,用绝缘胶带将负极线包好,以防搭铁。

(3)使用举升机前,检查并排除设备周围及车辆上的人和障碍物,确认安全锁止装置工作可靠。

(4)正确、规范使用电控助力装置的检测工具。

(5)为避免人身伤害、部件损坏,要正确摆放转向盘安全气囊(使气囊膨胀方向朝上,铝壳朝下)。

2. 技能要点

(1)拆下转向柱模块时断掉蓄电池负极并拆卸转向盘,拆卸转向盘后,拆卸安全气囊旋转开关时,切勿转动旋转开关,应固定,否则,可能导致旋转开关位置错位造成损坏。

(2)拆下转向盘固定螺栓后,应做好转向盘与转向柱的定位标记,否则,会导致安装时对不正转向盘,从而使车辆行驶时转向盘不正。

(3)拆卸时,转向盘要回正,否则,可能会导致转向盘与转向轮不能保持齐平。

(4)在拆卸过程当中,需正确使用内饰拆卸工具,拆卸转向柱护壳时,禁止暴力拆卸。

(二)转向器故障诊断与排除

转向器故障诊断与排除操作方法及说明见表2-5。

转向器故障诊断与排除操作方法及说明   表2-5

步骤	操作方法及说明	质量标准及记录
1. 前期准备	(1)车辆信息填写; (2)安装防护三件套(座椅套、转向盘套、脚垫); (3)安装翼子板布和前格栅布	□正确安装 □按"8S"要求整理

续上表

步骤	操作方法及说明	质量标准及记录
1.前期准备		
2.安全检查	(1)安装车轮挡块； (2)插入尾气排放管； (3)检查驻车制动和挡位； (4)检查机油液位、冷却液液位、制动液液位、蓄电池电压 	□正确安装 □正确使用数字万用表 □按"8S"要求整理
3.仪器连接	点火开关关闭,正确连接汽车故障诊断仪 	□正确连接 □按"8S"要求整理
4.故障现象确认	(1)起动发动机前,确认车辆周围环境是否安全； (2)起动发动机后转动转向盘,检查动力转向柱总成下游的转向部件,如球节、转向横拉杆接头、万向节或转向机总成,是否存在机械卡滞现象,确认故障症状并记录症状现象； (3)如有需要,上路行驶测试 	□正确观察 □按"8S"要求整理

续上表

步骤	操作方法及说明	质量标准及记录
5.确定故障范围	(1)助力转向器内部零件损坏； (2)助力转向器周围连接部件松动或变形	□正确使用工具 □正确记录 □按"8S"要求整理
6.转向器故障诊断与排除	 (1)举升车辆检查转向器各连接件之间的连接情况； (2)确认出现咔嗒声、沉闷金属声或者颤振噪声； (3)检查悬架是否磨损； (4)检查动力转向机是否正确安装(参见电子皮带驱动式齿轮齿条转向机的更换)； (5)举升并顶起车辆(参见举升和顶起车辆)，检查外转向横拉杆是否安装正确； (6)检查外转向横拉杆是否磨损或卡滞，如有异常进行维修或更换； (7)检查中间轴是否正确安装； (8)检查中间轴是否磨损，如有异常进行维修或更换； (9)将中间轴从转向柱上分离，断开蓄电池负极电缆，检查转向柱中是否存在异常状况。如有异常进行维修或更换； (10)转向机检测。参见电子皮带驱动式齿轮齿条转向机的更换，如有异常进行维修或更换	□正确检查安装状态 □正确使用故障诊断仪 □正确使用检测设备 □按"8S"要求整理
7.维修结果确认	修复后再次检查转向器故障现象是否恢复	□正确使用故障诊断仪 □按"8S"要求整理
8.现场恢复	(1)将工具恢复到位； (2)恢复车辆； (3)打扫干净地面卫生	□按"8S"要求整理

四、评价反馈(表2-6)

评价表   表2-6

评分项目	评分标准	分值(分)	得分(分)
学习目标	能明确本任务的知识、技能、素养目标，理解任务在工作中的重要程度	5	

续上表

评分项目	评分标准	分值(分)	得分(分)
工作任务分析	能清晰描述完成本次工作任务内容	2	
	能清晰描述完成本次工作任务需必备的技能与知识点	2	
有效信息获取	能准确讲述转向器的作用,并在汽车上指明部件所在位置	5	
	能准确讲述转向器的类型	5	
	能准确讲述三种类型转向器的结构和原理	5	
实施方案制订	能清晰地制订并填写本次转向器的故障诊断与排除的准备作业计划	8	
	能组织或协同工作小组成员,明确本次任务所需仪器设备、工具、材料的准备与清点,并准备记录	7	
	能组织或协同工作小组成员交流,优化检查方案并记录	5	
任务实施	能规范完成前期准备	2	
	能规范完成安全检查	3	
	能规范完成仪器连接	3	
	能规范完成故障现象确认	8	
	能规范完成故障代码检查和确定故障范围	8	
	能规范完成基本检查	3	
	能规范完成维修结果确认	8	
	能规范完成现场恢复	5	
任务评价	能通过本次任务实施,结合自己在实训过程中的表现,进行自我评价及自我反思并记录	3	
职业素养	按规定时间完成项目作业	2	
	遵守实训室管理规定、劳动纪律	2	
	积极参与课堂活动、回答问题	2	
	能够按时出勤	2	
思政要求	有劳动精神、奋斗精神、奉献精神、工匠精神	5	
合计		100	

改进建议:

教师签字:

日期:

学习活动 3　转向控制线路故障诊断与排除

⚙ 一、明确任务

根据任务描述,车辆在行驶过程中转向时无助力效果,对故障车辆进行检测,需要对转向控制线路进行故障诊断,使其恢复正常使用性能。

⚙ 二、工作准备与计划制订

(一)知识准备

1. 助力转向系统的类型

助力转向系统主要包括以下几种类型:＿＿＿＿、＿＿＿＿及＿＿＿＿。本学习活动将重点探讨电动助力转向系统(Electric Power Steering, EPS)的相关内容。

2. 电动助力转向系统

电动助力转向系统(图2-48)是一种直接依靠电机提供辅助转矩的动力转向系统,与传统的液压助力转向系统(Hydraulic Power Steering, HPS)相比,EPS 具有很多优点。EPS 主要由转矩传感器、车速传感器、电动机、减速机构和电子控制单元(ECU)等组成。

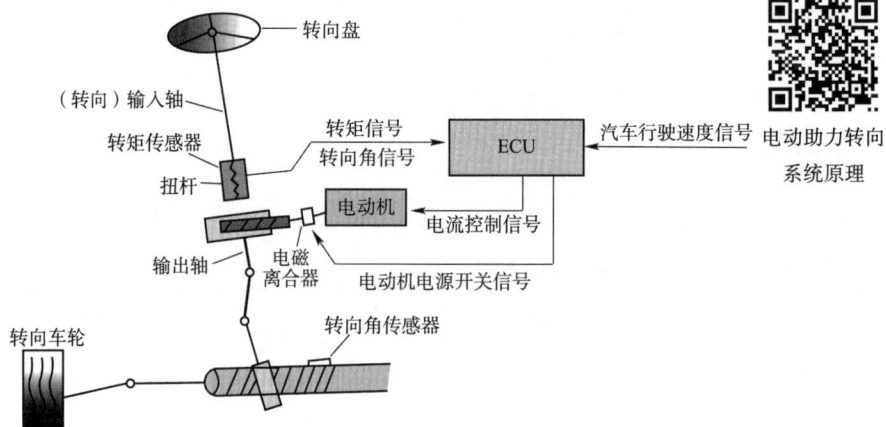

电动助力转向系统原理

图 2-48　电动助力转向系统

EPS 是汽车转向系统的发展方向。该系统由电动助力机直接提供转向助力,省去了液压动力转向系统所必需的动力转向油泵、软管、液压油、传送带和装于发动机上的皮带轮,既节省能量,又保护环境。另外,EPS还具有调整简单、装配灵活及在多种状况下都能提供转向助力的特点。

驾驶人在操纵转向盘进行转向时,转矩传感器检测到转向盘的转向以及转矩的大小,将电压信号输送到电子控制单元,电子控制单元根据转矩传感器检测到的转矩电压信号、转动方向和车速信号等,向电动机控制器发出指令,使电动机输出相应大小和方向的转向助力转矩,从而产生辅助动力。汽车不转向时,电子控制单元不向电动机控制器发出指令,电动机不工作。电动助力转向系统结构如图2-49所示。

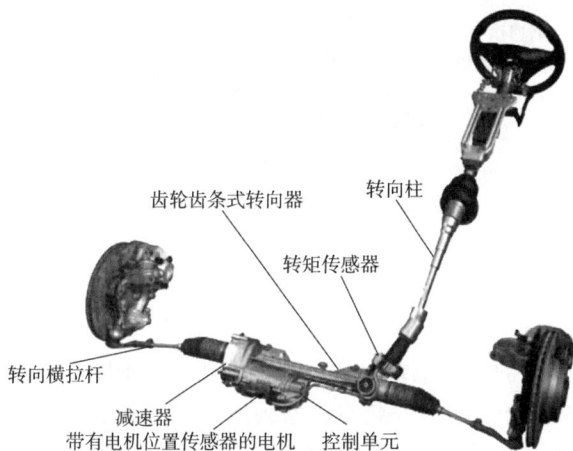

图 2-49 电动助力转向系统结构

转矩传感器测出驾驶人施加在转向盘上的操纵力矩、车速传感器测出车辆当前的行驶速度后将信号传递给ECU;ECU根据内置的控制策略,计算出理想的目标助力力矩,转化为电流指令给电机;然后,电机产生的助力力矩经减速机构放大后作用在机械式转向系统上,和驾驶人的操纵力矩一起克服转向阻力矩,实现车辆的转向。电动助力转向系统工作过程如图2-50所示。

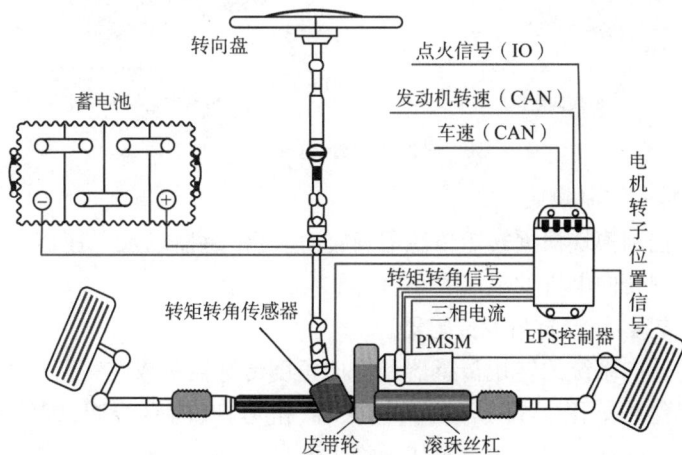

图 2-50 电动助力转向系统工作过程

（1）转向器结构。

电动助力转向系统和机械转向系统及液压助力转向系统大部分结构都类似，主要的差异是转向器总成部分。电动助力转向系统的转向器总成由转向电机、齿轮机构、助力转向控制模块、转矩传感器、转向角度传感器和相关的数据线、电源线等组成，其结构如图 2-51 所示。

图 2-51　电动助力转向转向器结构

（2）转向电机。

转向器总成所使用的转向电机是三相交流电机，转向电机是电动转向器的动力输出装置，其结构如图 2-52 所示。安装在齿条附近的电动机，齿条通过一个带有内螺纹的滑套实现助力增加了电动机与齿条驱动套的传输带。

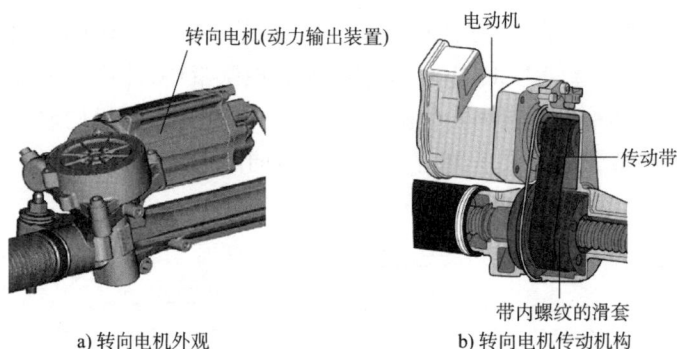

a）转向电机外观　　　　　b）转向电机传动机构

图 2-52　转向电机结构

（3）助力转向控制模块。

助力转向控制模块根据转矩传感器、转向角度传感器以及车速传感器等传感器传来的信号来控制转向电机的电流大小，如图 2-53 所示。

（4）转矩传感器、转向角度传感器。

电动助力转向系统的转矩传感器和转向角度传感器集成在一起（以下简称转矩角度传感器），其结构如图 2-54 所示，由输入轴、扭力杆、内磁线圈、阀体和外磁线圈组成。输入轴的上端连接着转向盘和扭力杆上端，输入轴的下端连接着内磁线圈。扭力杆的下端连接着阀体，阀体连接着外磁线圈。

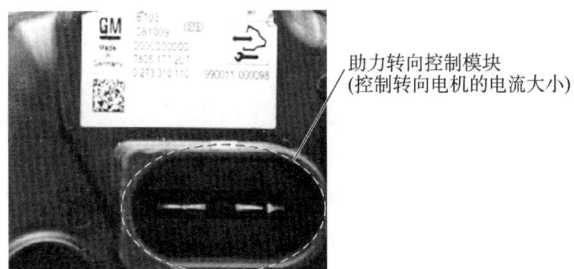

图 2-53　助力转向控制模块

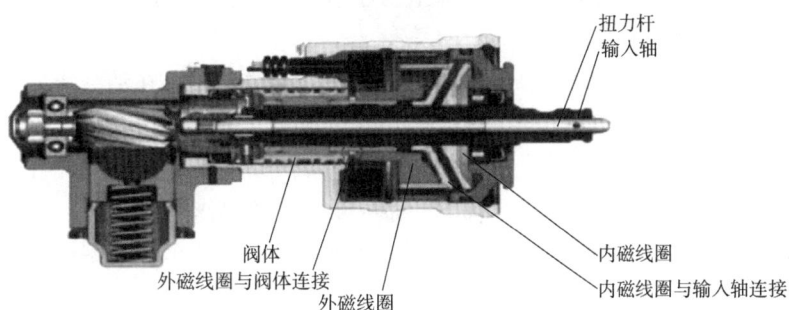

图 2-54　转矩传感器、转向角度传感器

（5）齿轮机构。

齿轮机构由蜗轮蜗杆总成、直动小齿轮和齿条组成。当转向电机起作用时，转向电机带动蜗杆，蜗杆带动涡轮，蜗轮带动同轴的齿轮，齿轮再带动齿条，如图 2-55 所示。当转向电机不起作用时，直接依靠机械转向，此时转向盘带动输入轴，输入轴带动扭力杆，扭力杆带动直动小齿轮，最后齿轮传动齿条。

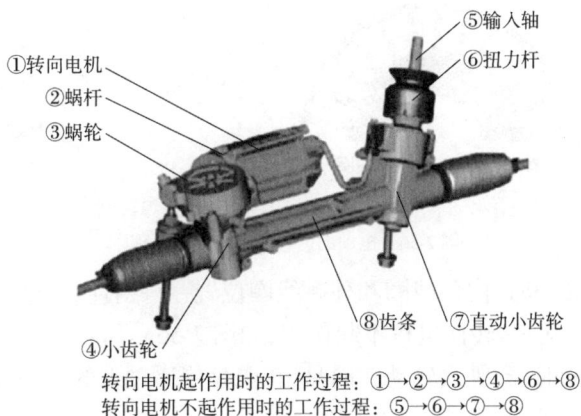

转向电机起作用时的工作过程：①→②→③→④→⑥→⑧
转向电机不起作用时的工作过程：⑤→⑥→⑦→⑧

图 2-55　齿轮机构

3. 电动助力转向系统的特点

液压助力转向系统（HPS）相比，EPS 有以下优点。

（1）助力性能优。EPS 能在各种行驶工况下提供最佳助力，减小由路面不平所引起的对转向系统的扰动、改善汽车的转向特性、减轻汽车低速行驶时的转向操纵力、提高汽车高速行驶时的转向稳定性,进而提高汽车的主动安全性;并且可以通过设置不同的转向受力特性来满足不同使用对象的需要。

(2)效率高。HPS为机械和液压连接,效率较低,一般为60%~70%;而EPS为机械与电动机直接连接,效率高,部分可达90%以上。

(3)耗能少。汽车在实际行驶过程中,处于转向的时间约占行驶时间的5%。

(4)"路感"好。由于EPS内部采用刚性连接,系统的滞后特性可以通过软件加以控制,且可以根据驾驶人的操作习惯进行调整。

(5)回正性好。EPS结构简单、内部阻力小、回正性好,从而可得到最佳的转向回正特性,改善汽车操纵稳定性。

(6)对环境污染少。HPS液压回路中有液压软管和接头,存在油液泄漏问题,而且液压软管不可回收,对环境有一定污染;而EPS对环境几乎没有污染。

(7)可以独立于发动机工作。EPS以电池为能源,以电动机为动力元件,只要电池电量充足,不论发动机处于何种工作状态,都可以产生助力作用。

(8)应用范围广。EPS可用于各种汽车,目前主要用于轿车和轻型载货汽车上;而对于环保型纯电动汽车,由于没有发动机,EPS为最佳选择。

(9)装配性好且易于布置。因为EPS系统零部件数目少,主要部件均可以组合在一起,所以整体外形尺寸比HPS小,这为整车布置带来方便,且易于在装配线上安装。

4.电动助力转向系统的工作原理

电动助力转向系统的工作原理图如图2-56所示。电动助力转向系统工作时,助力转向控制模块接收转矩角度传感器传来的信号,控制转向电机从而控制汽车的转向过程。而转矩角度传感器在汽车不同工作状态下所产生的信号也不同。

图2-56 电动助力转向系统工作原理

(1)在汽车未转向时,内磁线圈和外磁线圈位置一一对应,两个线圈所产生的磁场相互抵消,没有信号输出,转向电机不起作用,如图2-56a)所示。

(2)在车速较慢时,驾驶人转动转向盘,转向盘传递过来的力一部分通过输入轴传递给内磁线圈,另一部分通过扭力杆传递给阀体及与其相连的外磁线圈。由于车速较慢,地面的附着力大,使扭力杆发生扭转,使内磁线圈相对外磁线圈转过一个角度,从而产生磁场,输出信号,控制转向电机为转向提供助力,如图2-56b)所示。

(3)在车速较快时,驾驶人转动转向盘,转向盘传递过来的力一部分通过输入轴传递给内磁线圈,另一部分通过扭力杆传递给阀体及与其相连的外磁线圈。由于车速较快,地面的附着力小,扭力杆不发生扭转,内磁线圈和外磁线圈位置一一对应,两个线圈所产生的磁场相互抵消,如图2-56a)所示,没有信号输出,转向电机不起作用,转向时无助力。

5.转向控制线路常见故障及原因

动力转向控制模块常出现的故障有模块本身故障,线路故障,动力转矩传感器故障等。

(1)模块本身故障。

现象:电动助力系统的模块故障主要表现在仪表助力指示灯报警,解码器无法与电动助力模块通讯,转向盘中无助力。

导致这种现象的原因主要有:

①模块内部损坏;

②网线数据断开;

③模块程序丢失。

转向器主动部分轴承调整过紧或从动部分与衬套配合太紧。

(2)线路故障。

现象:电动助力系统线路出现故障后会导致系统不能工作,如信号线虚接会导致系统间接性地工作,从而报警出现故障码。

导致这种现象的原因主要有:

①电源熔断丝损坏;

②地线损坏;

③传感器线路损坏。

(3)动力转向扭矩传感器损坏。

现象:打开点火开关后仪表的电动助力指示灯点亮,起动发动机方向无助力,有故障码。

导致这种现象的原因主要有:

①动力转向转矩传感器元件损坏;

②动力转向转矩传感器信号线损坏;

③动力转向转矩传感器信号线被干扰。

(二)制订工作方案

1.任务分工(表2-7)

学生任务分配表

表2-7

班级		组号		指导老师	
组长		任务分工			
组员1		任务分工			
组员2		任务分工			

续上表

班级		组号		指导老师	
组员3		任务分工			
组员4		任务分工			
组员5		任务分工			
组员6		任务分工			

2. 工量具、仪器设备与耗材准备

(1)使用的工量具有：_____。

(2)使用的仪器设备有：_____。

(3)使用的耗材有：_____。

3. 具体方案描述

_____
_____
_____
_____
_____

三、计划实施

(一)安全注意事项及技能要点

1. 安全注意事项

(1)安装汽车故障诊断仪之前，需将点火开关处于关闭状态；

(2)拆拔电动助力模块线束之前，需要断开蓄电池负极。

2. 技能要点

(1)能正确使用数字万用表和汽车故障诊断仪；

(2)依据汽车维修操作要求，熟练规范地完成喷油器的故障诊断与排除。

(二)转向控制模块故障诊断与排除

转向控制模块故障诊断与排除操作方法及说明见表2-8。

转向控制模块故障诊断与排除操作方法及说明　　　　表2-8

步骤	操作方法及说明	质量标准及记录
1.前期准备	(1)车辆信息填写； (2)安装防护三件套(座椅套、转向盘套、脚垫)； (3)安装翼子板布和前格栅布；	□正确安装 □按"8S"要求整理

步骤	操作方法及说明	质量标准及记录
1.前期准备	 (4)翻阅维修手册,查找动力转向控制模块总线控制电路	
2.安全检查	(1)安装车轮挡块; (2)插入尾气排放管; (3)检查驻车制动和挡位; (4)检查机油液位、冷却液液位、制动液液位、蓄电池电压 	□正确安装 □正确使用数字万用表 □按"8S"要求整理
3.仪器连接	点火开关关闭,正确连接汽车故障诊断仪 	□正确连接 □按"8S"要求整理
4.故障现象确认	(1)起动发动机前,确认车辆周围环境是否安全; (2)起动发动机后,观察仪表显示,转动转向盘测试是否有助力,确认故障症状并记录症状现象	□正确观察 □按"8S"要求整理
5.确定故障范围	(1)模块本身故障; (2)线路故障; (3)动力转向扭矩传感器损坏	□正确使用故障诊断仪 □正确记录 □按"8S"要求整理
6.转向控制模块故障诊断与排除	检查电动助力模块的安装状态。 (1)电动助力模块的电路测量: ①将点火开关置于"OFF"位置断开 K43 动力转向模块插头,测量 K43 X1-2 插座电压(万用表电压挡),判断测量电压是否小于12V;	□正确检查安装状态 □是(转至②)

续上表

步骤	操作方法及说明	质量标准及记录
6.转向控制模块故障诊断与排除	②将点火开关置于"ON"位置断开 K43 动力转向模块插头,测量 K43 X1-2 插座电压(万用表电压挡),如果低于 12V 电压,回到 X50A 熔断丝盒,判断测量电压是否小于 12V; ③将点火开关置于"OFF"位置断开 K43 动力转向模块插头,测量 K43 X1-1 插座,对地电阻(万用表电阻挡),判断测量电阻是否大于 2Ω; ④检查接地 G112 与 K43 X1-1 插座之间电阻是否大于 2Ω; ⑤维修或者更换 G112 与 K43 X1-1 插座之间线束,是否完成操作; ⑥插上 K43 动力转向模块插头,连接解码器是否能进入动力转向模块; ⑦检查组合仪表到动力转向控制模块之间的网络信号线。 (2)电动助力电机部件测试: ①检查 K43 动力转向控制模块电机总成外观,是否有破损、裂纹,撞击痕迹; ②更换模块电机; ③检查 K43 动力转向控制模块电机总成外观,是否有漏油; ④更换密封圈或者总成(拆装流程见学习任务二学习活动2); ⑤检查 K43 动力转向控制模块电机总成外观,安装位置是否移位; ⑥修复拆装 K43 动力转向控制模块电机总成(拆装流程见学习任务二学习活动2)	□是(转至③) □是(转至④) □是(转至⑤) □是(转至⑥) □否(转至⑦) □是(转至②) □是(转至③) □是(转至④) □是(转至⑤) □是(转至⑥)
7.维修结果确认	复后再次检查故障码和数据流	□正确使用故障诊断仪 □按"8S"要求整理
8.现场恢复	(1)汽车故障诊断仪、数字万用表、博世 208 接线盒、世达 150 件工具组套恢复到位; (2)将车辆恢复; (3)打扫干净地面卫生	□按"8S"要求整理

四、评价反馈(表2-9)

评价表　　　　　　　　　　表2-9

评分项目	评分标准	分值(分)	得分(分)
学习目标	能明确本任务的知识、技能、素养目标,理解任务在工作中的重要程度	5	

续上表

评分项目	评分标准	分值（分）	得分（分）
工作任务分析	能清晰描述完成本次工作任务内容	2	
	能清晰描述完成本次工作任务需必备的技能与知识点	2	
有效信息获取	能描述助力转向系统的工作原理	5	
	能描述转向控制线路故障现象	5	
	能查阅维修手册，并根据手册清楚获取转向控制线路故障主要故障原因	6	
	能根据故障现象及原因进行相应零部件的检修	5	
实施方案制订	能清晰地制订并填写本次转向控制线路故障诊断与排除的准备作业计划	5	
	能组织或协同工作小组成员，明确本次任务所需仪器设备、工具、材料的准备与清点，并准备记录	5	
	能组织或协同工作小组成员交流，优化检查方案并记录	5	
任务实施	能根据路试法正确描述故障现象	5	
	通过故障现象确定故障位置，分析故障原因	5	
	通过查阅维修手册，结合分析结果，制订完善的检修方案	7	
	能进行动力转向装置的拆装	5	
	能进行动力转向电机的分解	5	
	能拆卸、测量、装调电动方向机	5	
	能利用检测工具找出故障原因，并作出正确的维修决策	7	
任务评价	能通过本次任务实施，结合自己在实训过程中的表现，进行自我评价及自我反思并记录	3	
职业素养	按规定时间完成项目作业	2	
	遵守实训室管理规定、劳动纪律	2	
	积极参与课堂活动、回答问题	2	
	能够按时出勤	2	
思政要求	能独立实施"8S"、融入团队协作、提升职业素养	5	
合计		100	

改进建议：

教师签字：

日期：

任务习题 »»»

一、单项选择题

1. 助力转向装置的主要作用是(　　)。
  A. 提高转向力　　　　　　　　B. 提高转向速度
  C. 改变转向方向　　　　　　　D. 提高稳定性

2. 检查助力转向装置是否漏油的正确方法是(　　)。
  A. 目视检查　　　　　　　　　B. 听声音
  C. 手感检查　　　　　　　　　D. 仪表检测

3. 若助力转向装置故障导致车辆无法转向,以下处理措施错误的是(　　)。
  A. 停车检查　　　　　　　　　B. 继续行驶
  C. 安全警示　　　　　　　　　D. 联系维修

4. 当车辆行驶中发生方向跑偏时,可能与助力转向装置的(　　)有关。
  A. 电动机　　　　　　　　　　B. 油泵
  C. 油缸　　　　　　　　　　　D. 控制阀

5. 关于电动助力转向系统,以下说法错误的是(　　)。
  A. 需要定期更换转向油　　　　B. 不需要维护
  C. 能提供稳定的助力　　　　　D. 能根据车速调整助力大小

6. 对于电动助力转向系统,下列说法正确的是(　　)。
  A. 不需要使用转向油　　　　　B. 可以根据车速调整助力大小
  C. 不会出现转向沉重故障　　　D. 维修成本比液压助力转向系统低

7. 关于转向器的维护,以下说法错误的是(　　)。
  A. 定期更换转向油　　　　　　B. 定期检查转向器紧固情况
  C. 不需要关注电气连接　　　　D. 根据需要调整助力大小

8. 关于转向器漏油的故障诊断,以下错误的是(　　)。
  A. 检查转向油液位　　　　　　B. 检查油管连接处紧固情况
  C. 不需要关注油封老化　　　　D. 检查油管是否有裂纹或破损

9. 当转向控制线路出现故障时,以下错误的措施是(　　)。
  A. 检查线路是否有破损或老化现象
  B. 使用欧姆表测量线路的电阻值
  C. 检查熔断丝是否正常工作
  D. 直接更换整个转向控制模块

10. 关于CAN总线在转向控制系统中的应用,以下说法错误的是(　　)。
  A. CAN总线用于传输转向控制信号
  B. CAN总线的工作电压通常为24V
  C. CAN总线可以同时传输多个控制信号

D. CAN 总线不受线路长度限制

二、判断题

1. 助力转向装置只是为了帮助驾驶人更轻松地转动转向盘,对车辆的行驶稳定性没有影响。　　　　　　　　　　　　　　　　　　　　　　　（　　）

2. 助力转向装置中的液压油需要定期更换,以保持其清洁和有效。　（　　）

3. 检查助力转向装置时,只需要关注转向泵和转向带的工作状态。　（　　）

4. 电动助力转向系统的助力大小是固定的,不会根据车速或转向角度进行调整。
　　　　　　　　　　　　　　　　　　　　　　　　　　　　　（　　）

5. 助力转向装置中的转向油泄漏只会影响转向的轻便性,不会影响转向的精确性。　　　　　　　　　　　　　　　　　　　　　　　　　　　　　（　　）

6. 转向沉重故障通常是由于转向器内部泄漏引起。　　　　　　　　（　　）

7. 当转向器出现故障时,通常可以通过更换转向器总成来解决。　　（　　）

8. 转向不灵敏故障可能是由于电气线路问题引起。　　　　　　　　（　　）

9. 当转向控制线路出现故障时,直接更换整个转向控制模块是最有效的解决方案。　　　　　　　　　　　　　　　　　　　　　　　　　　　　　（　　）

10. 转向控制线路故障通常不会影响到车辆的制动系统。　　　　　（　　）

三、实操练习题

1. 驾驶人反映车辆在转向过程中不灵敏,有迟滞感。请根据此现象制定转向故障诊断与排除的检修方案。

2. 车辆在行驶过程中,转向系统突然失去助力,转向沉重。请根据此现象制定故障诊断与排除的检修方案。

学习任务三

汽车制动力不足故障诊断与排除

学习目标 >>>

1. 知识目标

（1）能够描述制动系统的定义、原理及效果。

（2）能够描述制动系统的组成。

（3）能够描述制动系统的布置形式。

（4）能够描述制动踏板的作用与工作原理。

（5）能够描述真空助力器的结构与工作模式。

（6）能够描述制动主缸的结构与工作原理。

（7）能够描述制动管路的组成与材质。

2. 技能目标

（1）能够规范使用常用汽车检测仪器及设备对车辆进行检测。

（2）能正确分析和掌握制动系统故障诊断与维修。

（3）能正确区分汽车制动系统的人为故障和自然故障。

（4）能掌握汽车底盘制动诊断的基本技能。

（5）能掌握汽车不同类型车辆制动系统故障诊断流程的方法和技巧。

（6）能够根据实际故障制定相应的故障诊断流程图。

（7）能够根据维修计划,规范选择工具、监测仪器与设备。

（8）能够正确记录、分析各种检测结果并作出故障判断。

3. 素养目标

（1）严格执行汽车电器故障诊断规范,养成严谨科学的工作态度。

（2）养成团队协作精神。

（3）能够养成自觉遵守技术标准和要求规定、规范操作、安全、环保、"8S"作业的好习惯。

（4）能够养成劳动光荣、创造伟大的正确思维和创新意识。

参考学时 >>>

48 学时

任务描述 >>>

一辆轿车进厂维修,客户反映汽车在行驶过程中制动不够灵敏,有制动力不足的感觉,需对制动系进行故障诊断与排除。

学习活动1 制动液压系统故障诊断与排除

一、明确任务

根据任务描述,液压制动无力或疲软,对故障车辆进行检测,需要对制动轮缸进行检查与更换,使其恢复正常使用性能。

二、工作准备与计划制订

(一)知识准备

1. 制动系统的作用

制动系统基本原理

当行驶在宽阔平坦、车流和人流又较少的道路时,汽车可以通过高速行驶以提高运输生产效率。但汽车行驶过程中也会遇到复杂多变的路面状况,如进入弯道、遇到凹凸不平的道路、两车交会等,为了保证行驶安全,就要求汽车在尽可能短的距离内将车速降低,甚至停车。为了提高汽车安全行驶的性能,汽车设置了制动系统。

制动系统的作用是:使行驶中的汽车按照驾驶人的要求进行强制_____甚至_____;使已经停止的汽车在各种道路条件下(包括坡道上)稳定驻车,如图3-1所示。

图3-1 汽车制动系统

2. 制动系统的要求

制动系统应能够满足以下要求。

(1)良好的制动效能。

汽车制动系统的制动效能是指汽车在良好路面上以一定初速制动直到停车的制动距离或制动时汽车的减速度。其是制动性能最基本的评价指标。

(2)连续制动时的恒定性。

汽车制动系统的恒定性是指汽车在连续制动时,即使工作条件恶劣(如涉水、在冰

雪路面上或下长坡），也应能保证其制动效能不下降。

（3）故障时的可靠性。

汽车制动系统的可靠性是指当制动系统中某一部分出现问题时，其他部分仍能保证最低限度的制动效能。如双管路制动系统中，当一个管路系统出现问题时，另一管路系统需要确保仍能维持一定的制动力。

（4）制动方向的稳定性。

汽车制动系统在制动过程中，要保证汽车无跑偏、无侧滑且不会背离驾驶人给定方向行驶。

3. 制动系统的组成和工作原理

制动系统作为车辆行驶系统中的必要部分，为行车安全提供了基本保障。掌握制动系统的基本原理，对维修工作是非常必要的。

1）制动系统的组成

汽车制动系统（图3-2）包括_____和_____两大部分。_____系统用于使行驶中的车辆减速或停车，通常由驾驶人用脚操纵，一般包含_____、_____、制动轮缸、_____、_____等；_____系统用于使停驶的汽车驻留原地，通常由驾驶人用手操纵，一般包含_____、拉索（或拉杆）、_____。

制动系统组成

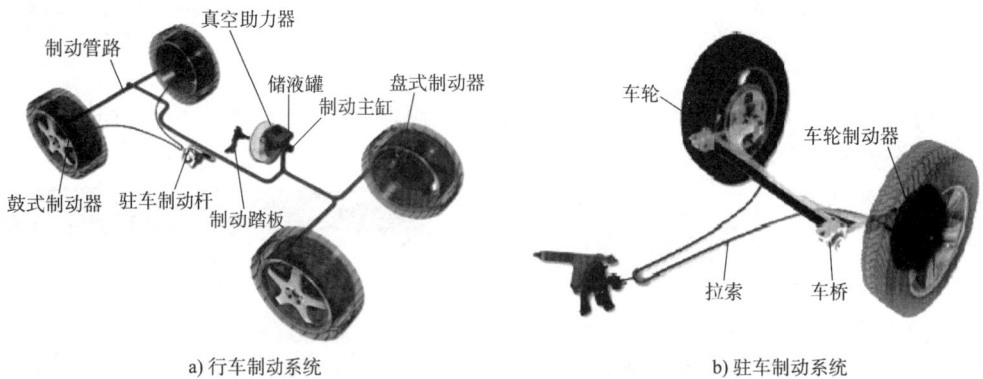

a) 行车制动系统　　　　　　　　　b) 驻车制动系统

图 3-2　制动系统的组成

2）制动系统工作原理

制动系统利用与车身（车架）相连的_____和与车轮（或传动轴）相连的_____之间的相互摩擦来阻止车轮的转动或转动趋势。

如图3-3所示，在汽车进行制动时，通过制动液将制动压力传递到每个车轮的制动器上。制动前，液压系统中充满制动液；踩下制动踏板；制动主缸将制动液压入制动轮缸；而后制动系统间隙消失并开始产生制动力矩，液压和踏板力继续增长直到完全制动。此过程中，在液压作用下，油管产生弹性膨胀变形、摩擦元件产生弹性压缩变形，使踏板和制动轮缸活塞都可以继续移动一段距离。放开踏板，在复位弹簧的作用下，制动液回到制动主缸。

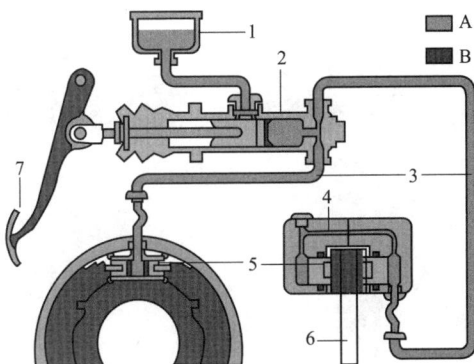

图 3-3　制动系统的组成和工作原理

1-储液罐;2-制动主缸;3-制动管路;4-制动轮缸;5-制动轮缸活塞;6-制动盘;7-制动踏板;A-制动液;B-橡胶密封件

　　3)制动器的结构和类型

　　汽车上常用的行车制动器都是利用固定元件与旋转元件工作表面的摩擦而产生制动力矩。其通常有两种结构形式,分别是＿＿＿＿和＿＿＿＿,大多数车辆都使用盘式制动器。

　　(1)盘式制动器。

　　盘式制动器又称为碟式制动器,顾名思义是取其形状而得名。如图 3-4 所示,盘式制动器由油压控制,主要零件有＿＿＿＿、＿＿＿＿、＿＿＿＿、＿＿＿＿等。其中制动盘由合金钢制造并固定在车轮上,随车轮转动。

图 3-4　盘式制动器

　　盘式制动器已得到广泛应用,现在大部分轿车将其用于全部车轮。少数轿车只用作前轮制动器,与后轮的鼓式制动器配合,使汽车在制动时有较高的方向稳定性。在商用车中,目前盘式制动器在新车型及高端车型中逐渐被采用。

　　盘式制动器又分为＿＿＿＿和＿＿＿＿两种,如图 3-5a)、图 3-5b)所示。定钳型的两个油缸分别布置在制动盘的内外两侧,需要较大的车轮内侧空间,但对于小型汽车和轿车,车轮内侧空间很小,难以装下定钳型盘式制动器制动钳。而浮钳型盘式制动器仅内侧有油缸,而两侧都有制动块,占用体积小,适合在轿车上布置。

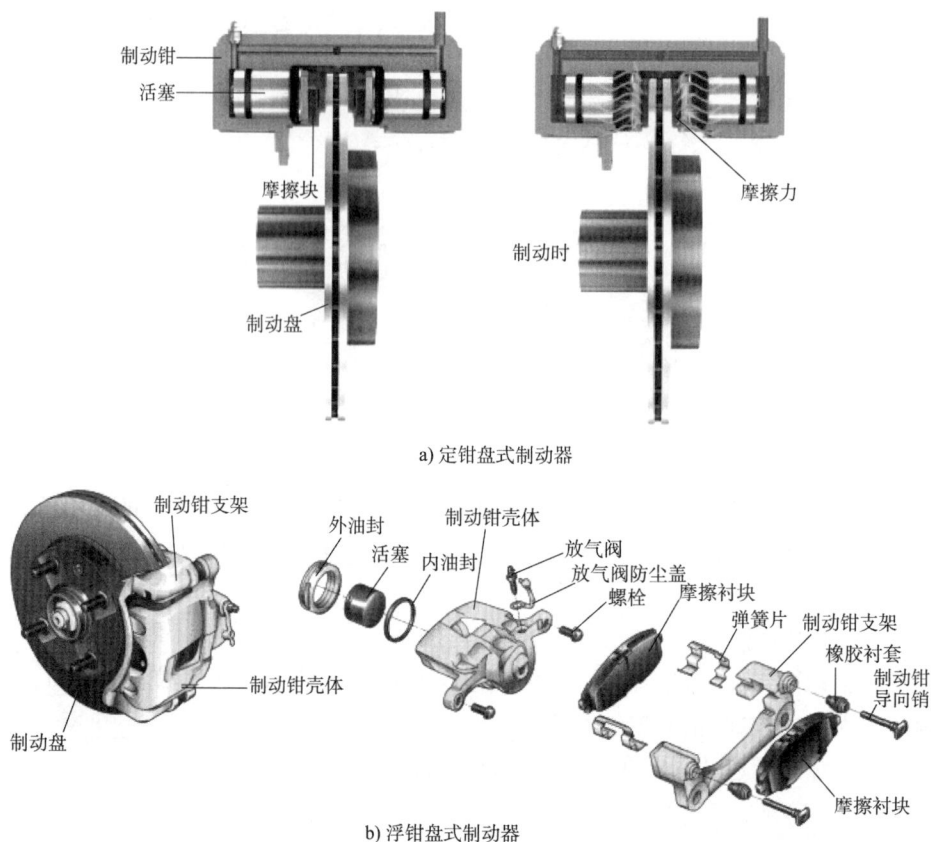

a) 定钳盘式制动器

b) 浮钳盘式制动器

图 3-5　盘式制动器

盘式制动器有以下优点。

①制动盘暴露在空气中,散热能力强。特别是采用通风式制动盘,空气可以流经内部,加强散热。

②浸水后制动效能降低较少,而且只需经一两次制动即可恢复正常。

③制动时的平顺性好。由于无摩擦助势作用,产生的制动力矩仅与油缸液压成比例,制动过程中制动力矩增长比鼓式缓和。同时,制动器效能受摩擦系数的影响较小,即效能较稳定。

④制动盘沿厚度方向的膨胀量极小,不会像制动鼓的热膨胀那样使制动器间隙明显增加而导致制动踏板行程过大。此外,也便于装设间隙自调装置。

⑤盘式制动片和制动盘摩擦产生的粉末会很快被甩出,热量也会被制动盘更快地散发出去,从而可获得更好的制动效果。

⑥结构简单,摩擦片拆装更换容易,因而维修方便。

盘式制动器的缺点如下。

①因制动时无助势作用,故要求管路液压比鼓式制动器高,一般需在液压传动装置中加装制动加力装置和采用较大缸径的油缸。

②由于盘式制动器活塞的复位能力差，且轮缸活塞的断面积大，制动器间隙较小，故在液压系统中不能留有残余压力。

③防污性能差，制动块摩擦面积小，磨损较快。

④兼用于驻车制动时，需要加装的驻车制动传动装置，因此较鼓式制动器复杂，在后轮上的应用受到限制。

⑤驻车制动装置不易安装，部分后轮使用盘式制动的车辆采用了“盘中鼓”式驻车制动。

⑥制动片磨损较大，更换频率较高。

(2)鼓式制动器。

鼓式车轮制动器多为内张双蹄式。按照促动装置的形式，可分为________、________和________，如图3-6所示。根据制动过程中两制动蹄产生的制动力矩不同，鼓式制动器可分为________、________、________、________、________和________等，如图3-7所示。根据制动时两制动蹄对制动鼓作用的径向力是否平衡，鼓式制动器又可分为简单非平衡式、平衡式和自动增力式。

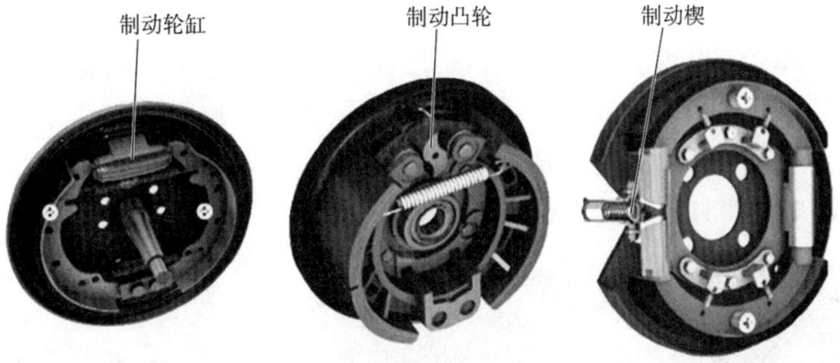

a) 轮缸式制动器　b) 凸轮式制动器　c) 楔式制动器

图3-6　鼓式制动器按照促动装置的形式分类

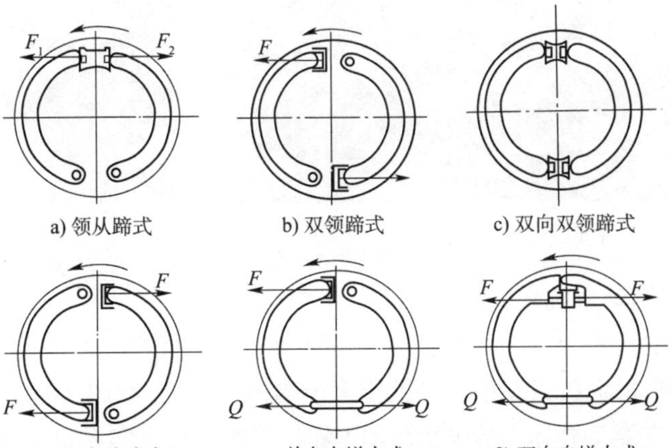

a) 领从蹄式　b) 双领蹄式　c) 双向双领蹄式

d) 双向从蹄式　e) 单向自增力式　f) 双向自增力式

图3-7　鼓式制动器按照制动力矩不同的形式分类

鼓式制动器的造价便宜且符合传统设计,制动蹄的耐用程度比盘式制动器高;而且在获得相同制动力矩的情况下,鼓式制动装置的制动鼓的直径比盘式要小很多,因此许多车速一般不高的重型车仍使用四轮鼓式的设计。

4)驻车制动器的结构和类型

按驻车制动器在汽车上安装位置的不同,驻车制动装置分中央制动式和车轮制动式,如图 3-8 所示。

a) 中央制动器 b) 车轮制动器

图 3-8　驻车制动器的结构和类型

对于 4 个车轮采用盘式制动器的汽车来说,驻车制动器可采用盘鼓式驻车制动器(图 3-9)内置于后轮盘式制动器中和盘式制动器,并通过拉索和连杆等机构固定在盘式制动器上;也可采用盘式集成制动器。有些高档跑车上也采用双制动卡钳(图 3-10),其中卡钳分别为行车和驻车制动卡钳。

图 3-9　盘鼓式驻车制动器

图 3-10　双制动卡钳

5)电子驻车制动系统

常见的电子驻车有_____和_____两种。拉索式电子驻车与传统拉索式驻车差别不大,同为制动蹄式,只是把手动的拉索改为电动形式,如图 3-11 所示;卡钳式电子驻车是通过整合在制动壳体上的电机驱动卡钳压紧制动盘来实现制动,如图 3-12 所示。

6)制动系统真空助力器

在人力液压制动系统的基础上加上一套动力辅助制动机构,即兼有人力及发动机制动的制动系统,称为伺服制动系统。一般正常情况下,其主要由伺服动力机构提供制动的能量,这可为驾驶人省力,而一旦伺服动力机构失效,驾驶人仍可以通过较大的力完成制动。按伺服能量不同,伺服制动系统可以分为_____、_____和_____。在现代汽车中,被广泛采用的是真空伺服机构,下文将分别讲述真空增压式制动传动装置和真空助力式制动传动装置。

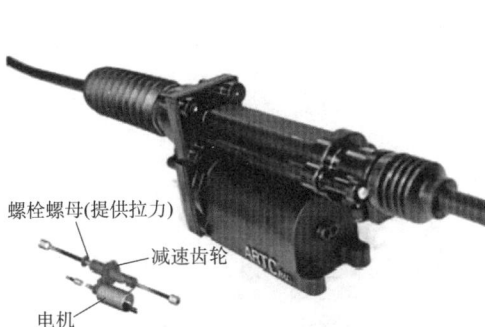

图 3-11　拉索式电子驻车

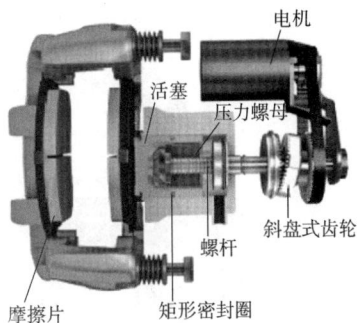

图 3-12　卡钳式电子驻车

真空助力式制动传动装置通常位于制动踏板和制动主缸之间,它主要由外壳、膜片、控制阀、复位弹簧、单向阀等组成,如图 3-13 所示。

真空助力式制动传动装置的工作原理为:当制动踏板处于松开状态时,输入推杆在弹簧的作用下在右极限位置,此时真空阀打开,空气阀关闭,真空腔与空气腔直接相连,压力相等,助力器不起作用,如图 3-14a)所示;当驾驶人踩下踏板时,输入推杆克服弹簧的作用力向左移动,此时空气阀打开,新鲜空气流入空气腔,而真空阀关闭,真空腔不与外界相连,使得空腔压力大于真空腔压力,推动膜片向左移动,膜片带动输出推杆也向左移动,增压器起到为制动系统增压的作用,如图 3-14b)所示;当驾驶人长时间踩住制动踏板不放时,如果空气腔打开时间过长,会造成膜片弯曲量过大从而损坏膜片,所以当输入推杆移动到其左极限位置时,增压器真空阀与空气阀均关闭,对膜片压力不再增加,维持原制动力,如图 3-14c)所示。

图 3-13　真空助力器的组成

7)制动系统制动主缸

制动主缸是一个用脚操纵的液压泵,它产生制动系统所用的压力。主缸有以下 4 个基本功能。

①形成将轮缸活塞压向制动盘或制动鼓的压力。

②在制动片和制动蹄产生足够的摩擦力后,主缸帮助平衡制动所需的压力。

a)

b)

c)

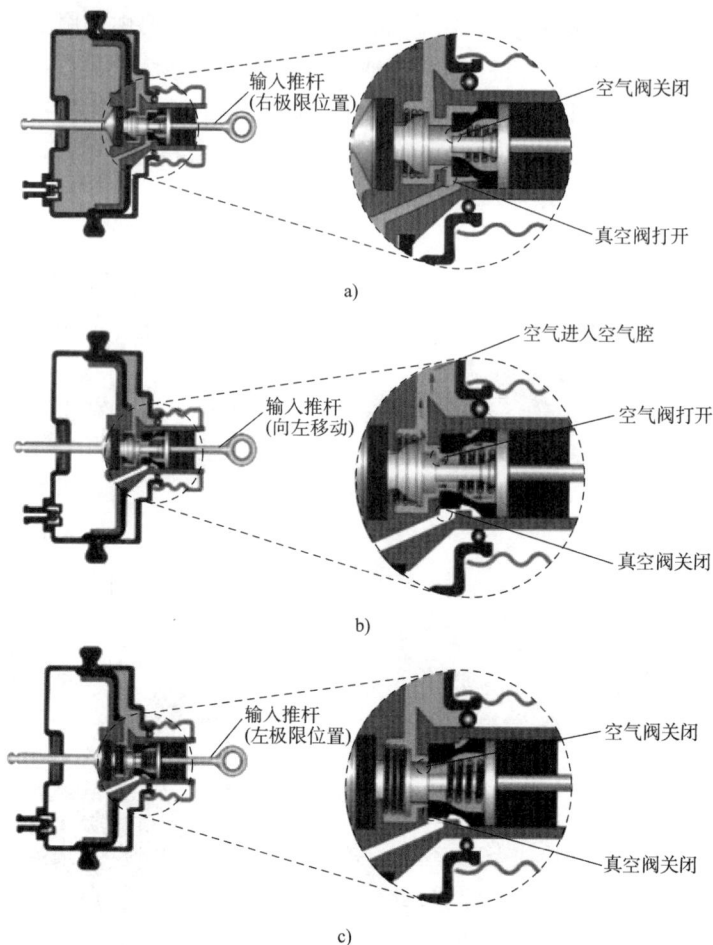

图 3-14　真空助力器工作原理

图 3-15　串联式制动主缸

③在制动片磨损时保持系统充满制动液。

④保持轻度压力以防止污染物（空气或水）进入系统。

（1）制动主缸的作用。

制动主缸的作用是将驾驶人踩踏踏板的力（制动时）转变为_____，并分两路送入 ABS 泵。为了保证制动系统工作的稳定性，汽车通常采用串联式制动主缸，如图 3-15 所示。

（2）制动主缸的结构。

制动主缸由_____、_____、_____、_____、弹簧、弹簧座等组成，如图 3-16所示。

（3）制动主缸的工作过程。

当制动主缸正常工作时，其工作过程如图 3-17 所示。制动时，驾驶人踩下制动踏板,真空助力器推动第一活塞向左移动,在第一活塞的密封圈遮住补偿孔后,第一工作腔油压升高。升压后的油液一部分通过腔内出油孔进入右前轮和左后轮的制动管路,另一部分对第二活塞产生推力(但不与第二活塞直接接触)。在此推力作用下,第二活塞向左移动(但不与缸体底部接触)。同样的,第二工作腔油压升高,推开腔内出油阀,油液进入左前轮和右后轮的制动管路。最终,汽车通过两制动管路实现制动,如图3-17a)、图3-17b)所示。当第一活塞或其管路损坏时,第一工作腔内没有油压,此时汽车制动后,第一活塞会抵住第二活塞,使第二活塞向前移动从而建立起油压,保证左前轮和右后轮的制动管路可以实施制动,如图3-17c)所示。当第二活塞或其管路受到损坏时,第二工作腔内没有油压,此时汽车制动后,第一活塞推动第二活塞向前移动,第一工作腔油压不能增加,当第二活塞抵住缸体底部时,第一工作腔才能建立起油压,汽车右前轮和左后轮的制动管路实施制动,如图3-17d)所示。

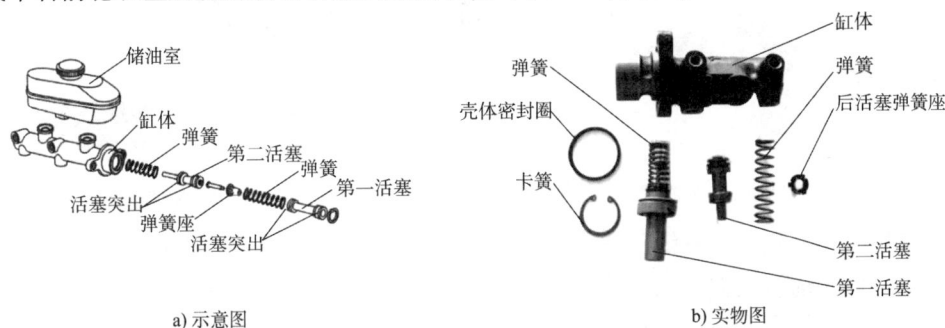

a) 示意图   b) 实物图

图3-16 制动主缸的组成

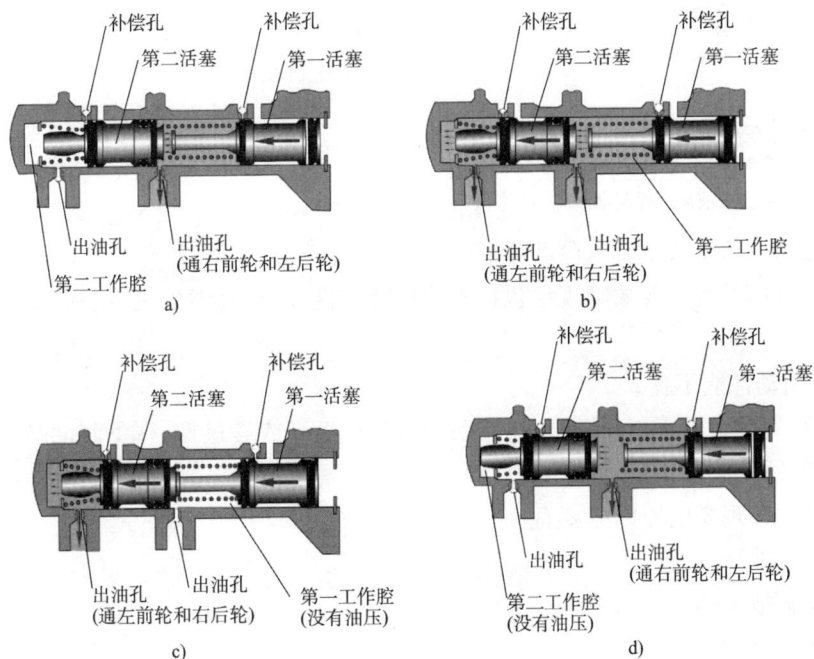

图3-17 制动主缸工作原理

8）制动系统布置形式

如图3-18所示，对于车辆制动回路的布置，相关法规强制性要求采用双回路传能系统。若使用单制动回路，一旦发生泄漏（管路破裂、皮碗撕裂等），可能造成制动完全失效。

（1）对角分式制动系统。

对角分式制动系统指每一个回路制动一个前轮和一个与其成对角线对置的后轮。对于质心偏前的车辆，利用对角分式制动系统能满足法规要求。轿车大部采用对角分式制动系统，如图3-19所示。

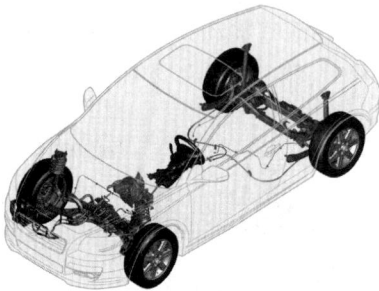

图3-18　制动系统布置形式

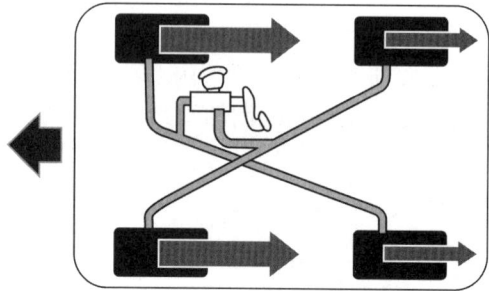

图3-19　对角分式制动系统

采用对角分式制动系统的好处是总有一个前制动器能够工作，即使有一半制动系统失效。由于前制动器提供主要的制动能力，这种系统可以保证在一半系统失效时的安全性。

（2）前后分式制动系统。

前后分式制动系统指前桥与后桥分开，一个回路制动前桥，另一个回路制动后桥。前后分式制动系统对后重车辆、中型和重型商用车辆而言是较好的布置方案，如图3-20所示。

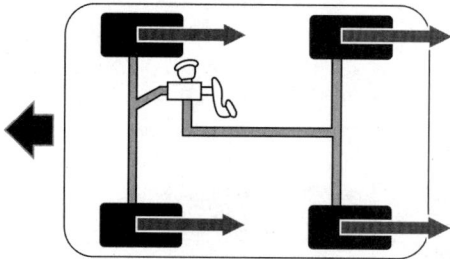

图3-20　前后分式制动系统

4.制动液压系统常见故障及原因

制动液压系统主要故障现象包括制动性能不良、制动突然失灵、制动发咬、制动跑偏（单边）。

（1）制动性能不良。

现象：驾驶人踩下制动踏板时，制动踏板行程过高或者过低、踩下制动踏板时过软或者过硬、踩下制动踏板后的稳定性较差。

导致这种现象的原因主要有：

①主缸故障；

②轮缸故障；

③制动器故障；

④制动管路中渗入空气。

（2）制动突然失灵。

现象：制动液泄漏、油管路破裂或接头脱落。

导致这种现象的原因主要有：

①主缸内无制动液；

②主缸皮碗破裂或踏翻；

③轮缸皮碗破裂或踏翻；

④制动管路严重破裂或接头脱节。

（3）制动发咬。

现象：汽车起步时起步困难，或者行驶费力、有阻力。

导致这种现象的原因主要有：

①制动踏板没有自由行程或其复位弹簧脱落、折断或过软；

②主缸皮碗、皮圈发胀或活塞变形或被污渍卡住；

③主缸复位弹簧过软、折断，皮碗发胀堵住回油孔或回油孔被污渍堵塞；

④制动蹄摩擦片与制动鼓间隙过小；

⑤制动蹄复位弹簧过软或折断；

⑥轮缸皮碗胀大，活塞变形或有污渍粘住；

⑦制动管凹瘪或堵塞，回油不畅；

⑧制动液太脏，黏度太大导致回油困难。

（4）制动跑偏（单边）。

现象：汽车行驶过程中，驾驶人踩下制动踏板时，车辆发生偏移（朝制动力小的一方偏）。

导致这种现象的原因主要有：

①两前轮制动鼓与摩擦片的间隙不一；

②前轮某侧轮缸活塞与缸筒摩擦过大；

③前轮某侧轮缸有空气。

（二）制订工作方案

1. 任务分工（表3-1）

学生任务分配表

表3-1

班级		组号		指导老师	
组长		任务分工			
组员1		任务分工			
组员2		任务分工			
组员3		任务分工			
组员4		任务分工			
组员5		任务分工			
组员6		任务分工			

2. 工量具、仪器设备与耗材准备

(1)使用的工量具有：_____。

(2)使用的仪器设备有：_____。

(3)使用的耗材有：_____。

3. 具体方案描述

_____

_____

_____

_____

_____

三、计划实施

(一)安全注意事项及技能要点

1. 安全注意事项

(1)安装汽车故障诊断仪之前，须将点火开关处于关闭状态。

(2)拆卸制动模块线束之前，需要断开蓄电池负极。

(3)举升车辆时要保证垫块与车辆承重梁正对，且注意观察车辆及举升机四周是否有人。

(4)进入举升机时戴好安全头盔及做好其他保护措施。

2. 技能要点

(1)能正确使用数字万用表和汽车故障诊断仪。

(2)依据汽车维修操作要求，熟练规范地完成制动液压系统的故障诊断与排除。

(二)制动液压系统故障诊断与排除

制动液压系统故障诊断与排除操作方法及说明见表3-2。

制动液压系统故障诊断与排除操作方法及说明　　　　表3-2

步骤	操作方法及说明	质量标准及记录
1. 前期准备	(1)车辆信息填写。 (2)安装防护三件套(座椅套、转向盘套、脚垫)。 (3)安装翼子板布和前格栅布 	□正确安装 □按"8S"要求整理

续上表

步骤	操作方法及说明	质量标准及记录
2.安全检查	(1)安装车轮挡块。 (2)插入尾气排放管。 (3)检查驻车和挡位。 (4)检查机油液位、冷却液液位、制动液液位、蓄电池电压 	□正确安装 □按"8S"要求整理
3.仪器连接	点火开关关闭,正确连接汽车故障诊断仪 	□正确连接 □按"8S"要求整理
4.故障现象确认	(1)起动发动机前,确认车辆周围环境是否安全。 (2)观察制动液压系统各管路连接处连接状况,检查各电路线束连接状况,确认故障症状并记录症状现象	□正确观察 □按"8S"要求整理
5.确定故障范围	(1)制动液压系统储液罐泄漏。 (2)制动主缸、轮缸、软管发生泄漏、变形、老化。 (3)制动软管内水分含量超标、排气不完全。 (4)制动钳/制动轮缸堵塞制动液。 (5)制动调制器总成损坏	□正确使用故障诊断仪 □正确记录 □按"8S"要求整理
6.制动液压系统故障诊断与排除	(1)检查并调整制动主缸中的制动液液位。制动液液位是否过低。 	□是[转至(4)] □否[转至(2)]

步骤	操作方法及说明	质量标准及记录
6. 制动液压系统故障诊断与排除	(2)检查制动液性能级别是否下降。 ①检查制动液是否存在以下表明制动液受到污染的状况。 a. 油液分离,表明存在2种油液:若呈旋涡状,则存在油基物质;若呈分层状,则存在硅基物质。 b. 油液变色:若外观混浊,则存在水分;若外观灰暗、制动液中有悬浮颗粒物,则存在污物、铁锈、腐蚀、制动器灰尘。 ②检查总泵储液罐盖膜片以及储液罐至主缸护环是否膨胀,若膨胀,则表明油液受到污染。 是否存在任何上述状况。 (3)查制动管道里的制动液中是否有空气及杂质。 ①对液压制动系统排气(参见液压制动系统排气)。 ②如果制动液受到油基或硅基油液污染,出现油液分层现象或主缸储液罐盖膜片或储液罐至主缸护环膨胀,则执行以下操作。 a. 拆下以下所有部件(每个部件内部含有已受到污染的橡胶密封件/衬片)。 b. 用工业酒精或同等品清洗液压制动管。 c. 用不含润滑油并经过过滤的空气干燥制动管。 d. 修理或更换所有下列部件(每个部件内部含有已受到污染的橡胶密封件或衬片):前制动软管的更换;后制动软管的更换;前制动钳的大修、前制动钳的更换;后制动钳的更换(带机械驻车制动器-J69)、后制动钳的更换(带电子驻车制动器-J71);电子制动和牵引力控制模块的更换(如装备)。 ③如果制动液未受到油基油液的污染,但受到水或污物、锈蚀、腐蚀或制动器灰尘的污染,则更换可能已使湿气或污物进入系统的制动主缸储液罐盖膜片。 ④重新加注液压制动系统并对系统进行排气(参见液压制动系统排气)是否完成操作和所需修理及更换。 (4)检查制动主缸、轮缸、软管是否有泄漏及变形和老化。 ①检查以下液压制动系统部件是否存在外部油液泄漏,修理或更换任何泄漏制动液的部件:制动主缸储液罐盖膜片;制动主缸的更换;前制动软管的更换;后制动软管的更换;制动管的更换;前制动钳的大修、前制动钳的更换;后制动钳的更换(带机械驻车制动器-J69);后制动钳的更换(带电子驻车制动器-J71);电子制动和牵引力控制模块的更换(如装备)。 ②如果修理或更换了上列任何制动系统部件,则对液压制动系统进行排气。参见液压制动系统排气。在对液压制动系统进行排气时,观察以下状况:系统中的空气出现在排气阀位置,而非修理位置,制动主缸或比例阀总成更换时除外;排气时每个车桥的制动液流动顺畅且均匀。	□是[转至(3)] □否[转至(4)] □是[转至(6)]

步骤	操作方法及说明	质量标准及记录
6. 制动液压系统故障诊断与排除	是否发现并排除了故障。 (5)系统中的空气是否出现在排气阀位置,而非修理位置,制动主缸或比例阀总成更换时除外。 (6)排气时每个车桥的制动液流动是否顺畅且均匀。 (7)检查制动钳和/或车轮制动轮缸的液压功能(如装备)是否正常(参见液压制动器部件操作的目视检查)。 制动钳/制动轮缸的液压功能是否正常。 (8)排气时制动液是否顺畅而均匀地流过前桥液压部件。 (9)排气时制动液是否顺畅而均匀地流过后桥液压部件。 (10)确定制动钳是否堵塞制动液或工作是否异常。 ①举升并顶起车辆(参见举升和顶起车辆)。 ②拆下轮胎和车轮总成(参见轮胎和车轮的拆卸和安装)。 ③打开可疑的制动钳放气阀。 ④用大号C型夹钳压缩制动钳活塞,并观察制动液流动是否顺畅以及制动钳活塞能否自由移动。 ⑤关闭制动钳放气阀。 制动液流动是否顺畅,制动钳活塞能否自由移动。 (11)修理或更换任何工作异常的制动钳/制动轮缸;前制动钳的大修、前制动钳的更换、后制动钳的更换(带机械驻车制动器-J69)、后制动钳的更换(带电子驻车制动器-J71)。 是否完成修理和/或更换。 (12)对液压制动系统进行排气,观察系统中是否还有空气存在,并观察排气时每个车桥的制动液流动是否顺畅且均匀(参见液压制动系统排气)。系统中是否有空气。	☐是[转至(6)] ☐否[转至(8)] ☐是[转至(17)] ☐否[转至(7)] ☐是[转至(8)] ☐否[转至(9)] ☐是[转至(19)] ☐否[转至(12)] ☐是[转至(11)] ☐否[转至(10)] ☐是[转至(15)] ☐是[转至(15)] ☐否[转至(12)] ☐是[转至(19)]

续上表

步骤	操作方法及说明	质量标准及记录
	(13) 排气时每个车桥的制动液流动是否顺畅且均匀。	□是［转至(17)］ □否［转至(14)］
	(14) 检查和更换液压制动管和软管，以及更换制动调制器总成。 ①检查液压制动管和挠性制动软管是否有油液阻塞迹象，如弯曲、扭结、夹住或损坏(参见制动管和软管的检查)。 ②更换所有弯曲、扭结、夹住或损坏的液压制动管或挠性制动软管。必要时参见以下程序：前制动软管的更换；后制动软管的更换；制动管的更换。 ③如果未发现液压制动管或挠性制动软管明显弯曲、扭结、夹住或损坏，则更换阻塞位置的液压制动挠性软管。 是否发现并排除了故障。	□是［转至(19)］ □否［转至(15)］
6. 制动液压系统故障诊断与排除	(15) 更换制动调制器总成，以校正液压制动系统动态后轮制动力分配的机械操作(参见电子制动和牵引力控制模块的更换)。 是否完成更换。	□是［转至(19)］ □否［转至(16)］
	(16) 检查和修理液压制动系统密封性问题。 ①检查液压制动系统部件在密封件或接头位置是否存在制动液渗漏，从而可能使空气进入系统。 ②检查液压制动系统部件是否有最近修理过的迹象，从而可能使空气进入系统。 ③修理或更换任何安装不正确或渗漏制动液的部件。 是否发现并排除了故障。	□是［转至(19)］
	(17) 排除制动主缸内部泄漏故障。 ①检查制动主缸内部是否存在制动液泄漏。参见制动系统内部泄漏测试。 ②如果发现内部泄漏制动液，则修理或更换制动主缸。参见制动主缸的更换。 是否发现并排除了故障。	□是［转至(19)］ □否［转至(18)］
	(18) 安装或连接在诊断期间拆下或断开的部件。 是否完成操作。	□是［转至(19)］
	(19) 完成液压系统检查	□是(完成液压系统检查)

续上表

步骤	操作方法及说明	质量标准及记录
7. 维修结果确认	修复后再次检查故障码和数据流	□正确使用故障诊断仪 □按"8S"要求整理
8. 现场恢复	(1)汽车故障诊断仪、数字万用表、208 接线盒、150 件工具组套恢复到位。 (2)将车辆恢复。 (3)打扫干净地面卫生	□按"8S"要求整理

四、评价反馈(表3-3)

评价表 表3-3

评分项目	评分标准	分值(分)	得分(分)
学习目标	能明确本任务的知识、技能、素养目标,理解任务在工作中的重要程度	5	
工作任务分析	能清晰描述完成本次工作任务内容	2	
	能清晰描述完成本次工作任务需必备的技能与知识点	2	
有效信息获取	能描述制动液压系统安装位置	5	
	能描述制动液压系统常见的异响现象及原因	5	
	能查阅维修手册,并根据手册清楚获取制动液压系统的类型及安装方式	6	
	能根据故障现象及原因进行相应零部件的检修	5	
实施方案制订	能清晰地制订并填写本次制动液压系统异常故障诊断与排除的准备作业计划	5	
	能组织或协同工作小组成员,明确本次任务所需仪器设备、工具、材料的准备与清点,并准备记录	5	
	能组织或协同工作小组成员交流,优化检查方案并记录	5	
任务实施	能根据路试法正确描述故障现象	5	
	通过故障现象确定故障位置,分析故障原因	5	
	通过查阅维修手册,结合分析结果,制订完善的检修方案	7	
	能进行制动液压系统的拆装	5	
	能进行制动液压系统的分解	5	
	能拆卸、测量、装调制动液压系统	5	
	能利用检测工具找出故障原因,并作出正确的维修决策	7	

续上表

评分项目	评分标准	分值(分)	得分(分)
任务评价	能通过本次任务实施,结合自己在实训过程中的表现,进行自我评价及自我反思并记录	3	
职业素养	按规定时间完成项目作业	2	
	遵守实训室管理规定、劳动纪律	2	
	积极参与课堂活动、回答问题	2	
	能够按时出勤	2	
思政要求	能独立实施"8S"管理、融入团队协作、提升职业素养	5	
合计		100	

改进建议:

教师签字:

日期:

学习活动2 制动助力系统故障诊断与排除

一、明确任务

根据任务描述,汽车制动时制动踏板较硬,且踏板复位缓慢或不完全,对故障车辆进行检测,需要对真空助力器进行检查与更换,使其恢复正常使用性能。

二、工作准备与计划制订

(一)知识准备

1.制动助力系统的分类及工作原理

乘用车和轻型商用车的制动系统主要采用液压作为传动媒介,与可以提供动力源的气压制动系统相比,其需要助力系统来辅助驾驶人进行制动。在单纯的人力液压制动系统的基础上加上一套动力辅助制动机构,即兼有人力及发动机制动的制动系统,称为伺服制动系统,也称制动助力系统。一般正常情况下,主要由伺服动力机构提供制动的能量,这就使得驾驶人很省力,而一旦伺服动力机构失效,驾驶人仍可以通过较大的力完成制动。

伺服制动系统按伺服能量不同可以分为_____、_____和液压伺服。在现代汽车中,广泛采用的是真空伺服机构,下文将分别讲述真空增压式制动传动装置和真空助力式制动传动装置。

1)真空增压式液压制动传动装置

(1)真空增压式液压制动系统的组成。

真空增压式液压制动系统是指在人力液压制动系统的基础上加装一套真空增压系统。真空增压器装在制动主缸之后,利用真空度对制动主缸输出的制动液进行增压,其控制装置是利用制动踏板机构通过主缸输出的液压间接操纵。真空增压式液压制动系统如图3-21所示,包括由_____、_____、_____组成的供能装置作为控制装置的控制阀,以及作为传动装置的_____、_____和_____。

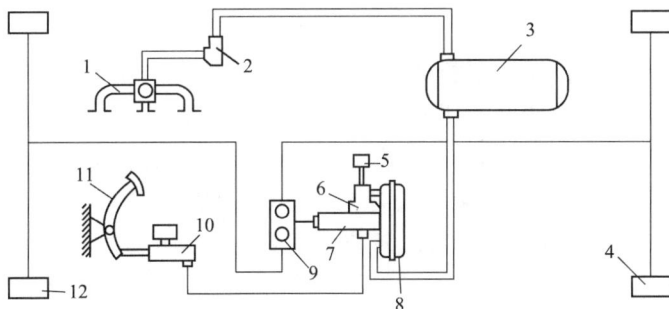

图3-21 真空增压式液压制动系统图

1-发动机进气歧管;2-真空单向阀;3-真空罐;4-后制动轮缸;5-进气滤清器;6-控制阀;7-辅助缸;8-真空伺服气室;9-安全缸;10-制动主缸;11-制动踏板;12-前制动轮缸

(2)真空增压器的工作原理。

真空增压器的工作原理如图3-22所示。制动时,驾驶人踩下制动踏板,制动液从制动主缸流入辅助缸,开始时球阀处于开启状态,所以制动也可由辅助缸活塞上的孔进入前、后各制动轮缸。此时,制动轮缸压力等于制动主缸压力。与此同时,输入到辅助缸的制动液还作用在控制阀活塞上,推动膜片座上移,使真空阀的开度逐渐减小直至关闭,使控制阀上腔 A 和下腔 B 隔绝,然后将空气阀打开。于是空气便经空气滤清器流入主控制阀上腔 A 和伺服气室右腔 D,如图3-22a)所示,使其中的压力升高,真空度降低。而此时控制阀下腔 B 和伺服气室左腔 C 中的真空度则保持不变。在 C、D 两腔压力差的作用下,伺服气室膜片带动推杆向左移动,使球阀抵靠在辅助缸活塞的阀座上而关闭,并使制动主缸与辅助缸左腔相隔绝。此时,从制动主缸传来的液压作用力和推杆传来的推力都作用在辅助缸活塞上。因此辅助缸左腔和各制动轮缸的压力高于制动主缸的压力,这样就起到了增压作用。随着 A、D 两腔中真空度的降低,控制阀的膜片及阀门组件逐渐下移。A、D 两腔中真空度降低到一定数值时,空气阀关闭而使真空度保持在某一稳定值。该稳定值的大小取决于制动主缸的压力,而制动主缸压力又取决于踏板力和踏板行程。此时驾驶人作用在踏板上的力将对制动强度起决定作用。

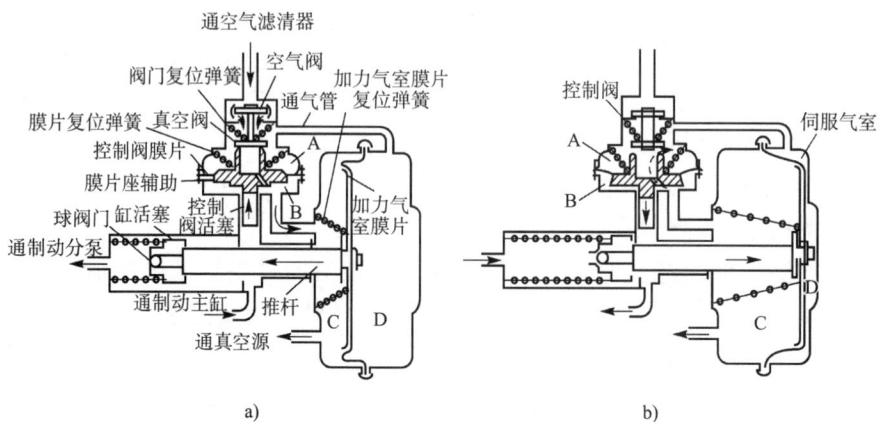

图 3-22 真空增压器的结构和工作原理

当放松制动踏板时,制动踏板回升一定距离,制动主缸压力下降,制动阀平衡状态被破坏,控制阀活塞及膜片座下移,真空阀开启,于是 A、D 两腔的压力降低,D、C 两腔的压力差有所减少,辅助缸输出压力也就保持在较低值,增压作用降低,从而使制动强度减弱。当制动踏板完全放松时,所用运动件在各自复位弹簧的作用下恢复原位,如图 3-22b)所示,A、B 和 C、D 四腔又都具有一定的真空度,为下次制动做好准备。

若真空增压器失效或管路漏气而无真空度时,辅助缸中的球阀将保持开启,使制动主缸与制动轮缸之间的油路畅通。整个系统还可以同人力液压制动系统一样工作,只是所需踏板力要大一些。

2)真空助力式液压制动传动装置

真空助力式液压制动系统如图 3-23 所示,真空助力器装在制动踏板和制动主缸之间,真空助力器和制动主缸用 4 个螺钉固定在车身前围上,借助推杆与制动踏板连接。利用真空度对制动踏板进行助力,其控制装置是利用制动踏板机构直接操纵的。

(1)真空助力器结构。

真空助力器主要有单膜片式和串联膜片式。图 3-24 所示为真空助力器的结构图。

(2)真空助力器工作原理。

不制动时,驾驶人未踩下制动踏板,复位弹簧将推杆连同空气阀推至右极限位置,空气阀紧压空气阀座而关闭,橡胶阀门被压缩离开阀座而开启。真空通道开启,伺服气室 A、B 两腔相通,并与大气隔绝。发动机运转后,真空单向阀被吸开,A、B 两腔内均具有一定的真空度。

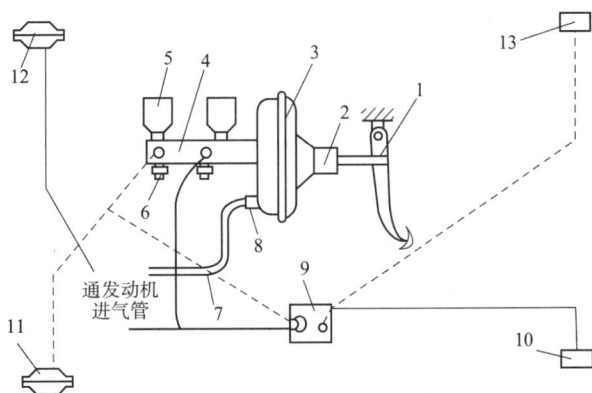

图 3-23 真空助力式液压制动系统示意图

1-制动踏板机构；2-控制阀；3-真空助力器；4-制动主缸；5-储液罐；6-制动信号灯液压开关；7-真空供能管路；8-单向阀；9-感载比例阀；10-左后轮缸；11-左前轮缸；12-右前轮缸；13-右后轮缸

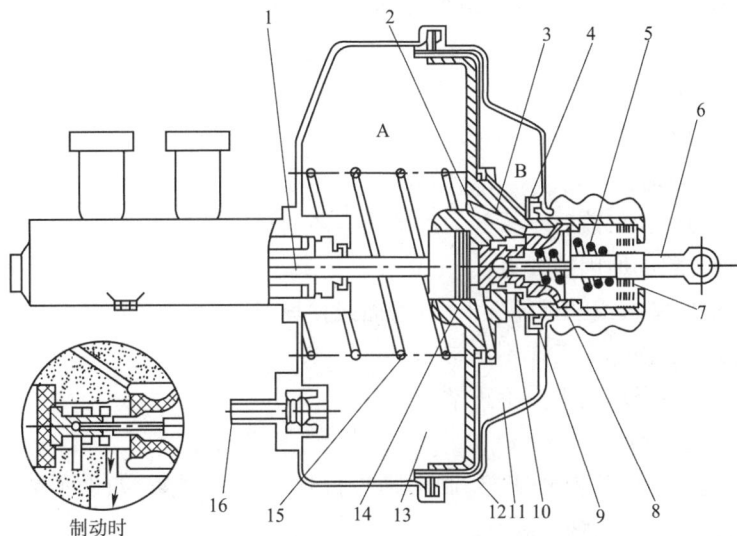

制动时

图 3-24 真空助力器的结构图

1-推杆；2-空气阀；3-真空通道；4-真空阀座；5-复位弹簧；6-制动踏板推杆；7-空气滤芯；8-橡胶阀门；9-空气阀座；10-通气道；11-加力气室后腔；12-膜片座；13-加力气室前腔；14-橡胶反作用盘；15-膜片复位弹簧；16-真空口和单向阀

当进行制动时，驾驶人踩下制动踏板，踏板力经杠杆放大后作用在控制阀推杆上。首先，控制阀推杆复位弹簧被压缩，控制阀推杆连同空气阀柱往前移。当控制阀推杆前移到控制阀皮碗与真空单向阀座相接触的位置时，真空单向阀口关闭。此时，助力器的真空气室、应用气室被隔开，空气阀柱端部刚好与反作用盘的表面相接触。随着控制阀推杆的继续前移，空气阀口将开启。外界空气经过滤气后通过打开的空气阀口及通往应用气室的通道，进入助力器的应用气室（右气室），伺服力产生。由于反作用盘的材质（橡胶件）有受力表面各处的单位压强相等的物理属性要求，使得伺服力随着控制阀推杆输入力的逐渐增加而呈固定比例（伺服力比）增长。由于伺服力资源的有限性，当达到最大伺服力时，即应用气室的真空度为零时（即一个标准大气压），伺服力将成为一个常量,不再发生变化。此时,助力器的输入力与输出力将等量增长;取消制动时,随着输入力的减小,控制阀推杆后移,真空单向阀口开启后,助力器的真空气室、应用气室相通,伺服力减小,活塞体后移。随着输入力的逐渐减小,伺服力也将成固定比例(伺服力比)的减少,直至制动被完全解除。

2.制动助力系统常见故障及原因

制动助力系统常见的故障包括制动系统噪声,制动不均匀(前后),制动踏板行程过大,制动踏板过硬,制动系统释放缓慢等。

(1)制动系统噪声。

现象:制动时,车辆制动系统发出异响。

导致这种现象的原因主要有:

①推杆或踏板枢轴或枢轴衬套缺少润滑或过度磨损;

②踏板推杆、踏板或踏板托架弯曲或损坏;

③真空助力器或单向阀损坏或工作不正常;

④动力转向液液位过低;

⑤液压助力器工作不正常。

(2)制动不均匀。

现象:车辆制动时,前后车桥处力敏感或卡滞明显。

导致这种现象的原因主要有:

①踏板推杆、踏板或踏板托架卡滞、弯曲或损坏;

②真空助力器损坏或工作不正常;

③液压助力器损坏或工作不正常。

(3)制动踏板行程过大。

现象:为达到制动踏板坚实感,制动踏板行程远大于预期,如果不能达到踏板坚实,则踏板会慢慢减弱或踏板绵软。

导致这种现象的原因主要有:

①真空泄漏单向阀工作不正常;

②动力转向液泄漏;

③制动助力器总成损坏或工作不正常。

(4)制动踏板过硬。

现象:制动踏板需要驾驶人增加力量以获得良好制动或增加制动距离。

导致这种现象的原因主要有:

①真空泄漏;

②动力转向液泄漏;

③推杆或踏板权轴或枢轴衬套缺少润滑、卡滞或过度磨损;

④踏板推杆、踏板或踏板托架弯曲或损坏;

⑤制动助力器总成损坏或工作不正常。

（5）制动系统释放缓慢。

现象：制动系统释放或回位缓慢；制动踏板释放后，制动系统短时阻止车辆移动。

导致这种现象的原因主要有：

①踏板推杆、踏板或踏板托架卡滞、弯曲或损坏；

②真空助力器损坏或工作不正常；

③液压助力器回油软管堵塞；

④液压助力器损坏或工作不正常。

（二）制订工作方案

1. 任务分工（表3-4）

学生任务分配表

表3-4

班级		组号		指导老师	
组长		任务分工			
组员1		任务分工			
组员2		任务分工			
组员3		任务分工			
组员4		任务分工			
组员5		任务分工			
组员6		任务分工			

2. 工量具、仪器设备与耗材准备

（1）使用的工量具有：＿＿＿＿＿＿＿＿＿＿＿＿＿＿＿＿＿＿＿＿。

（2）使用的仪器设备有：＿＿＿＿＿＿＿＿＿＿＿＿＿＿＿＿＿＿。

（3）使用的耗材有：＿＿＿＿＿＿＿＿＿＿＿＿＿＿＿＿＿＿＿＿。

3. 具体方案描述

＿＿＿＿＿＿＿＿＿＿＿＿＿＿＿＿＿＿＿＿＿＿＿＿＿＿＿＿＿＿＿

＿＿＿＿＿＿＿＿＿＿＿＿＿＿＿＿＿＿＿＿＿＿＿＿＿＿＿＿＿＿＿

＿＿＿＿＿＿＿＿＿＿＿＿＿＿＿＿＿＿＿＿＿＿＿＿＿＿＿＿＿＿＿

＿＿＿＿＿＿＿＿＿＿＿＿＿＿＿＿＿＿＿＿＿＿＿＿＿＿＿＿＿＿＿

＿＿＿＿＿＿＿＿＿＿＿＿＿＿＿＿＿＿＿＿＿＿＿＿＿＿＿＿＿＿＿

三、计划实施

（一）安全注意事项及技能要点

1. 安全注意事项

（1）安装汽车故障诊断仪之前，需将点火开关处于关闭状态；

（2）在进行制动助力器拆卸之前,需要断开蓄电池负极。

（3）制动液会刺激眼睛和皮肤。一旦接触,应采取以下措施:①如不慎入眼—用清水彻底清洗;②如接触皮肤—用肥皂和清水清洗;③如吸入—立即就医。

（4）避免制动液溅到车辆漆面、线束、电缆或电气连接器的任何地方。制动液将损坏漆面和电气连接器。一旦制动液溅到车辆上,立即用水冲洗该部位,使损坏的可能性降至最低。

（5）始终将制动液储存在密封的容器中,在使用后,立即重新密封制动液容器。

（6）切勿使用敞口容器内的制动液,切勿使用密封不严的容器内的制动液。

2.技能要点

（1）能正确使用汽车故障诊断仪。

（2）检查和测量制动踏板行程时,车辆点火开关应置于 OFF 挡。

（3）制动系统真空源测试时,车辆点火开关应置于 OFF 挡。

（4）拆卸制动主缸时,要注意阻塞制动主缸出口和制动压力调节器进口以防止制动液流失和污染。

（5）依据汽车维修操作要求,熟练规范地完成制动助力系统的故障诊断与排除。

（二）制动助力系统故障诊断与排除

制动助力系统故障诊断与排除操作方法及说明见表 3-5。

制动助力系统故障诊断与排除操操作方法及说明　　表 3-5

步骤	操作方法及说明	质量标准及记录
1. 前期准备	（1）车辆信息填写。 （2）安装防护三件套（座椅套、转向盘套、脚垫）。 （3）安装翼子板布和前格栅布 	□正确安装 □按"8S"要求整理
2. 安全检查	（1）安装车轮挡块。 （2）插入尾气排放管。 （3）检查驻车和挡位。 （4）检查机油液位、冷却液液位、制动液液位、蓄电池电压 	□正确安装 □按"8S"要求整理

续上表

步骤	操作方法及说明	质量标准及记录
3. 仪器连接	点火开关关闭,正确连接汽车故障诊断仪 	□正确连接 □按"8S"要求整理
4. 故障现象确认	(1)起动发动机前,确认车辆周围环境是否安全。 (2)观察制动助力系统各管路连接处连接状况;检查各电路线束连接状况,确认故障症状并记录症状现象	□正确观察 □按"8S"要求整理
5. 确定故障范围	(1)制动踏板系统部件故障。 (2)真空制动助力器相关部件故障	□正确使用故障诊断仪 □正确记录 □按"8S"要求整理
6. 制动助力系统故障诊断与排除	(1)是否直接从电气诊断转至有可能故障的真空检查。 (2)检查制动踏板行程是否合适(参见制动踏板行程的测量和检查)。 判断制动踏板行程是否在允许范围内。 (3)检查并更换磨损或损坏的制动踏板系统部件。 ①检查制动踏板系统部件是否磨损、缺失、错位、弯曲或损坏。 a. 制动踏板推杆部件的检查请参见制动踏板推杆的检查。 b. 检查制动踏板衬套是否严重磨损或损坏,然后检查制动踏板是否错位、弯曲或损坏。 ②更换磨损、缺失、错位、弯曲或损坏的制动踏板系统部件。 是否发现并更换了任何磨损、缺失、错位、弯曲或损坏的制动踏板系统部件。 	□是[转至(4)] □是[转至(4)] □否[转至(3)] □是[转至(4)] □否(转至液压制动系统的诊断,检查是否有内部和外部油液的泄漏,以及液压制动系统中是否有空气)

步骤	操作方法及说明	质量标准及记录
6.制动助力系统故障诊断与排除	(4)检查向真空制动助力器提供真空的发动机真空源(参见制动系统真空源测试)。 真空读数是否在允许范围内。 	□是[转至(5)] □否[转至"发动机控制诊断信息"以检查真空情况,包括真空泵的运行(如装备)]
	(5)冷起动情况下,是否出现该状况。	□是[转至(6)] □否[转至(7)]
	(6)在相同冷起动的条件下,检查发动机真空和真空泵的运行(如装备)(参见"发动机控制系统的诊断")。 是否发现并排除了故障。	□是[转至(21)] □否[转至(8)]
	(7)在测试真空源期间,真空助力器单向阀是否正常工作。	□是[转至(9)] □否[转至(8)]
	(8)更换真空助力器单向阀。参见制动助力器的更换。 是否完成更换。	□是[转至(9)]
	(9)如果装备有独立真空传感器的助力器,则检查真空传感器护环是否有开裂、切口、腐蚀或损坏。 真空传感器护环是否存在任何上述状况。	□是[转至(10)] □否[转至(11)]
	(10)更换真空传感器护环。 是否完成更换。	□是[转至(11)]
	(11)使用故障诊断仪获取车辆真空传感器数据。 ①如果车辆装备了真空传感器,则安装故障诊断仪。 ②使用"数据显示"功能,确定底盘制动控制区域或动力传动系统发动机控制区域是否可以获得制动助力器真空传感器数据。 是否可以通过故障诊断仪获得真空传感器数据。 	□是[转至(12)] □否[转至(15)]

步骤	操作方法及说明	质量标准及记录
6.制动助力系统故障诊断与排除	(12)使用故障诊断仪进行真空助力器泄漏测试。 使用故障诊断仪执行真空助力器泄漏测试: ①松开制动踏板。 ②将发动机加速至约3000r/min,然后松开节气门。等待2~3s,再重复一次。 ③将点火开关置于"OFF(关闭)"位置。 ④将点火开关置于"ON(打开)"位置。切勿起动发动机。 ⑤在60s的时间段中观察并记录故障诊断仪上的真空传感器读数。 注意:海拔高度每升高305m,真空读数将降低约2.7kPa(0.8英寸汞柱)。 ⑥确定真空泄漏率。 最大允许真空泄漏率:10kPa(3英寸汞柱),在60s内真空泄漏率是否在规定的允许范围内。	□是[转至(17)] □否[转至(13)]
	(13)总泵真空密封件检查和更换操作步骤。 ①通过踩下制动踏板数次或通过拆下真空助力器单向阀来耗尽储备的真空。 ②将总泵从真空制动助力器上分离。不得断开任何制动管(参见制动主缸的更换)。 ③如果总泵后部装备了真空密封件,则检查密封件是否损坏以及是否放置在总泵的正确位置。必要时更换真空密封件。 ④小心地将总泵重新安装至制动助力器(参见制动主缸的更换)。是否完成操作。	□是[转至(14)]
	(14)使用故障诊断仪进行真空助力器泄漏测试。 ①松开制动踏板。 ②将发动机加速至约3000r/min,然后松开节气门。等待2~3s,再重复一次。 ③将点火开关置于"OFF(关闭)"位置。 ④将点火开关置于"ON(打开)"位置。切勿起动发动机。 ⑤在60s的时间段中观察并记录故障诊断仪上的真空传感器读数。 注意:海拔高度每升高305m,真空读数将降低约2.7kPa(0.8英寸汞柱)。 ⑥确定真空泄漏率。 最大允许真空泄漏率:10kPa(3英寸汞柱),在60s真空泄漏率是否在规定的允许范围内。	□是[转至(21)] □否[转至(20)]
	(15)检查和更换主缸真空密封件。 ①将总泵从真空制动助力器上分离。不得断开任何制动管。拆下主缸前,先通过拆下单向阀或踩下制动踏板数次来	

步骤	操作方法及说明	质量标准及记录
6.制动助力系统故障诊断与排除	耗尽真空(参见制动主缸的更换)。 ②如果主缸后部装备了真空密封件,则检查密封件是否损坏以及是否放置在主缸的正确位置。 ③如果装备了作为助力器一部分的真空密封件,则检查密封件是否损坏。 真空密封件是否存在任何上述情况。 (16)更换主缸真空密封件及助力器总成。 ①如果主缸后部装备了真空密封件,则必要时更换真空密封件。确保在安装过程中密封件正确定位。 ②如果装备了需要更换的真空密封件,并且该密封件是助力器的一部分,则务必更换助力器总成。 ③小心地将主缸重新安装至制动助力器(参见制动主缸的更换)。 是否完成更换。 (17)执行真空助力器功能测试。 ①如果仍然分离,则将主缸重新安装至助力器(参见制动主缸的更换)。 ②如果将主缸重新安装至助力器后起动发动机,则执行以下操作:发动机关闭,踩下制动踏板数次以耗尽储备的真空。 ③用适中的力量踩住制动踏板。 ④起动发动机并观察踏板的工作情况。 ⑤观察明显的真空泄漏。 制动踏板略微降下并保持。 是否听到制动踏板区有真空泄漏的声音。 (18)发动机起动后制动踏板是否略微降下并保持在该位置。 (19)执行真空助力器泄漏测试及检查结果。 ①松开制动踏板。 ②将发动机加速至约3000r/min,然后松开节气门。等待2～3s,再重复一次。	□是[转至(16)] □否[转至(17)] □是[转至(17)] □是[转至(20)] □否[转至(18)] □是[转至(19)] □否[转至(20)]

续上表

步骤	操作方法及说明	质量标准及记录
6. 制动助力系统故障诊断与排除	③将点火开关置于"OFF（关闭）"位置。 ④等待60s。 ⑤踩下制动踏板2次，以检查真空助力器上是否有储备的真空。观察踏板力（两个踏板的接合都应该有辅助；辅助力会随着第二次接合逐渐减小）。 两个踏板的接合是否都有动力辅助。 (20) 更换电动制动助力器（参见制动助力器的更换）。 是否完成更换。 (21) 安装或连接诊断期间拆下或断开的所有部件。 是否完成操作	□是［转至(21)］ □否［转至(20)］ □是［转至(21)］ □是（完成检修）
7. 维修结果确认	修复后再次检查故障码和数据流，检查制动效果	□正确使用故障诊断仪 □按"8S"要求整理
8. 现场恢复	(1) 将制动踏板测力计、汽车故障诊断仪、真空压力表、恢复到位。 (2) 车辆恢复。 (3) 清洁地面卫生	□按"8S"要求整理

四、评价反馈（表3-6）

评价表　　　　　　　　　　　　　　　　　表3-6

评分项目	评分标准	分值（分）	得分（分）
学习目标	能明确本任务的知识、技能、素养目标，理解任务在工作中的重要程度	5	
工作任务分析	能清晰描述完成本次工作任务内容	2	
	能清晰描述完成本次工作任务需必备的技能与知识点	2	
有效信息获取	能描述制动助力系统的组成部件	5	
	能描述制动助力系统常见的故障及原因	5	
	能查阅维修手册，并根据手册清楚获取制动助力系统的类型及安装方式	6	
	能根据故障现象及原因进行相应零部件的检修	5	
实施方案制订	能清晰地制订并填写本次制动助力系统故障诊断与排除的准备作业计划	5	
	能组织或协同工作小组成员，明确本次任务所需仪器设备、工具、材料的准备与清点，并准备记录	5	
	能组织或协同工作小组成员交流，优化检查方案并记录	5	

评分项目	评分标准	分值(分)	得分(分)
任务实施	能根据路试法正确描述故障现象	5	
	通过故障现象确定故障位置,分析故障原因	5	
	通过查阅维修手册,结合分析结果,制订完善的检修方案	7	
	能进行制动踏板系统部件的拆装	5	
	能进行制动主缸和助力器的分离和安装	5	
	能进行制动助力器的更换	5	
	能利用检测工具找出故障原因,并作出正确的维修决策	7	
任务评价	能通过本次任务实施,结合自己在实训过程中的表现,进行自我评价及自我反思并记录	3	
职业素养	按规定时间完成项目作业	2	
	遵守实训室管理规定、劳动纪律	2	
	积极参与课堂活动、回答问题	2	
	能够按时出勤	2	
思政要求	能独立实施"8S"管理、融入团队协作、提升职业素养	5	
合计		100	

改进建议:

教师签字:

日期:

学习活动3 制动系统控制线路故障诊断与排除

一、明确任务

根据任务描述,一辆自动挡轿车,在发动机起动且驻车制动完全松开后,仪表显示制动警告灯常亮,对故障车辆进行检测,需要对报警指示灯线路进行故障诊断,使其恢复正常使用性能。

二、工作准备与计划制订

(一) 知识准备

1. 电子稳定控制系统(ESP)

汽车防滑控制系统也叫电子稳定控制系统(ESP)。很多品牌的汽车都有该系统,只是各厂家的叫法不同,比如大众、奔驰称其为 ESP、宝马称其为 DSC、本田称其为VSA、丰田称其为 VSC。

电子稳定控制系统的功能是监控汽车的行驶状态,在紧急躲避障碍物或转弯出现不足转向、过度转向时,使车辆避免偏离理想轨迹。它综合_____、_____和_____三个系统,功能更为强大。ESP 通过对从各传感器传来的车辆行驶状态信息进行分析,然后向 ABS、ASR 发出纠偏指令,来帮助车辆维持动态平衡。ESP 可以使车辆在各种状况下保持最佳的稳定性,在转向过度或转向不足时效果更加明显。

ESP 的组成如图 3-25 所示,其由_____、_____和_____三大部分组成,通过电子控制单元监控汽车运行状态,对车辆的发动机及制动系统进行干预控制。

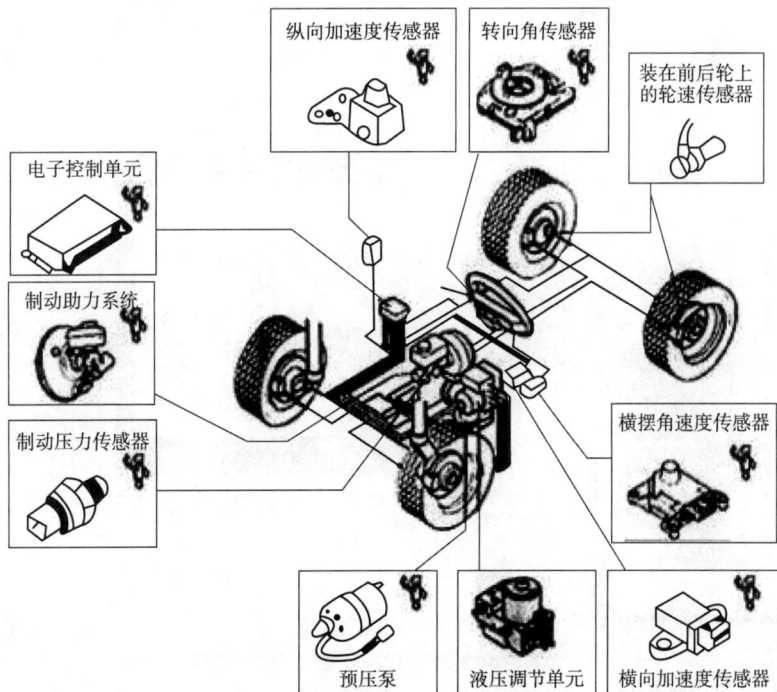

图 3-25　电子稳定控制系统

(1)传感器。

典型的 ESP 主要包括 4 个轮速传感器、转向盘转向角传感器(图 3-26)、侧向加速度传感器(图 3-27)、横摆角速度传感器、制动主缸压力传感器等。

图 3-26　转向角传感器 　　　　　　　　图 3-27　侧向加速度传感器

(2)电子控制单元。

电子控制单元包括一台功能强大的微机。打开点火开关后,控制单元将做自测试。所有的电器连接都将被连续监控,并周期性检查电磁阀功能。电子控制单元与发动机管理系统联动,可对发动机动力输出进行干预和调整。

(3)执行部分。

执行部分主要有传统制动系统(真空助力器、管路和制动器)、液压调节器等。ESP 的工作原理如图 3-28 所示。

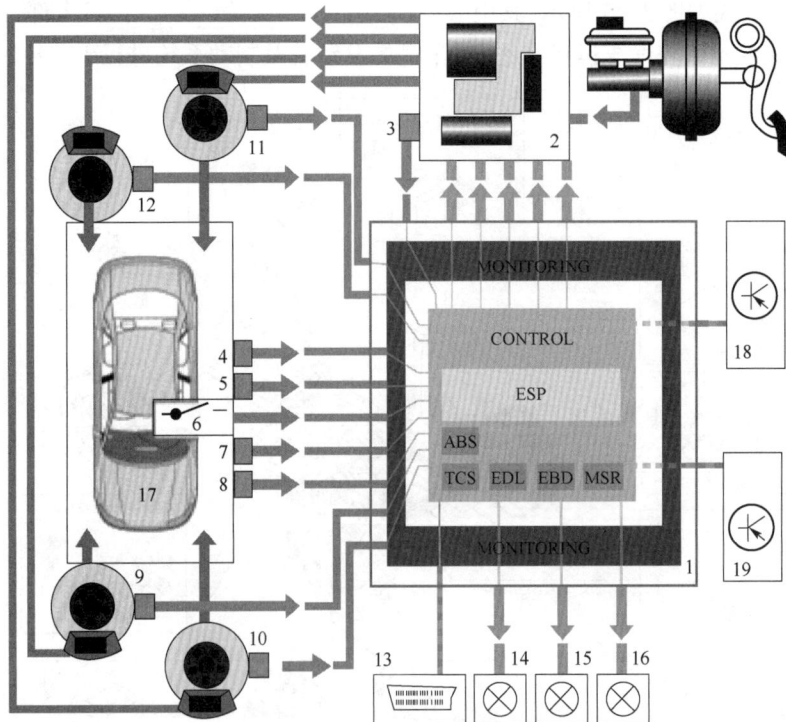

图 3-28　电子稳定控制系统 ESP 的工作原理图

1-ABS 控制单元;2-液压控制单元;3-制动压力传感器;4-侧向加速度传感器;5-横摆率传感器;6-ASR/ESP 按钮;7-转向盘转角传感器;8-制动灯开关;9、10、11、12-轮速传感器;13-自诊断接口;14-制动系统警报灯;15-ABS警报灯;16-ASR/ESP 警报灯;17-车辆驾驶状态;18-发动机控制调整;19-变速器控制调整电子控制单元对传感器采集到的数据进行计算,算出车身状态然后与存储器里面预先设定的数据进行比对。当电脑计算数据超出存储器预存的数值,即车身临近失控或者已经失控时,命令执行器工作,以保证车身行驶状态能够尽量满足驾驶人的意图。

2. 防抱死制动系统(ABS)

汽车防抱死制动系统的英文简称 ABS,是目前乘用车及客车的标准配置。其功用是在制动过程中,通过调节制动器的制动力,获得最佳的制动效能和较好的制动方向稳定性。

防抱死制动系统
基本原理

1) ABS 的组成

如图 3-29 所示,ABS 通常由_____、制动压力调节器、ECU 和 ABS 警示装置等组成。

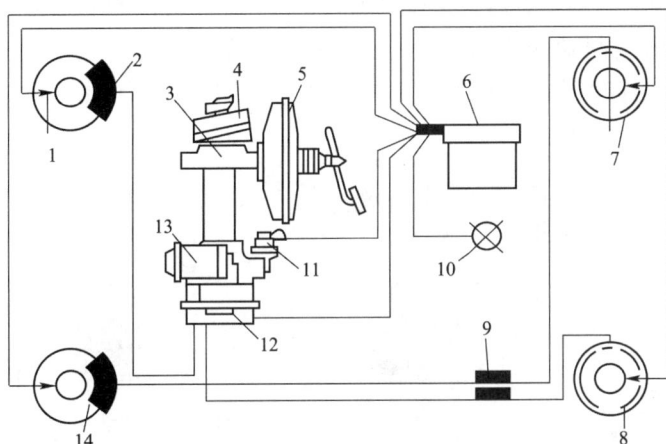

图 3-29　ABS 的基本组成

1-轮速传感器;2-右前轮制动器;3-制动主缸;4-储液罐;5-真空助力器;6-ECU;7-右后轮制动器;8-左后轮制动器;9-比例阀;10-ABS 警告灯;11-储液器;12-调压电磁阀总成;13-电动泵总成;14-左前轮制动器

(1)轮速传感器。

轮速传感器的功用是检测车轮的旋转速度,并将速度信号输入 ECU。常用的轮速传感器类型如下。

①电磁式轮速传感器。电磁式轮速传感器主要由传感器头和齿圈两部分组成,一般安装在车轮上,也可以安装在主减速器或变速器中。其齿圈随着车轮转动,当齿圈在磁场中旋转时,线圈的两端产生正比于磁通量增减速度的感应电压,该交流电压信号输送给 ECU。电磁式轮速传感器结构简单,成本低,但其输出信号的幅值是随转速变化而变化。

②霍尔式轮速传感器。霍尔式轮速传感器是由传感头和齿圈组成。传感头由永磁体、霍尔元件和电子电路等组成。齿圈转动时,使得穿过霍尔元件的磁力线密度发生变化,霍尔元件电压变化。信号由电子电路转换成标准的脉冲电压。霍尔式轮速传感器克服了电磁式传感器的缺点,其输出信号电压幅值不受转速的影响,频率响应高,抗电磁波干扰能力强。在 ABS 中的应用越来越广泛。

（2）ABS 的控制单元——ECU。

ECU 的功用是接收轮速传感器及其他传感器输入的信号,对这些输入信号进行测量、比较、分析、放大和判别处理,通过精确计算,得出制动时车轮的滑移率、车轮的加速度和减速度,以判断车轮是否有抱死趋势。同时,输出控制指令,控制制动压力调节器去执行压力调节任务。并且具有监控和保护功能,当系统出现故障时,其能及时转换成常规制动,并以故障灯点亮的形式警告驾驶人。

（3）制动压力调节器。

制动压力调节器是 ABS 的执行件,其功用是在制动时根据 ECU 的控制指令,接收来自 ECU 的控制指令,控制制动压力的增加及减少,防止车轮抱死,并处于理想滑移率的状态。根据压力调节器的调压方式,可分为循环式和可变容积式。

①循环式制动压力调节器是通过电磁阀直接控制轮缸的制动压力。

②可变容积式制动压力调节器是通过电磁阀间接改变轮缸的制动压力。如图 3-30所示,可变容积式制动压力调节器的常规制动状态即为 ABS 不工作状态。

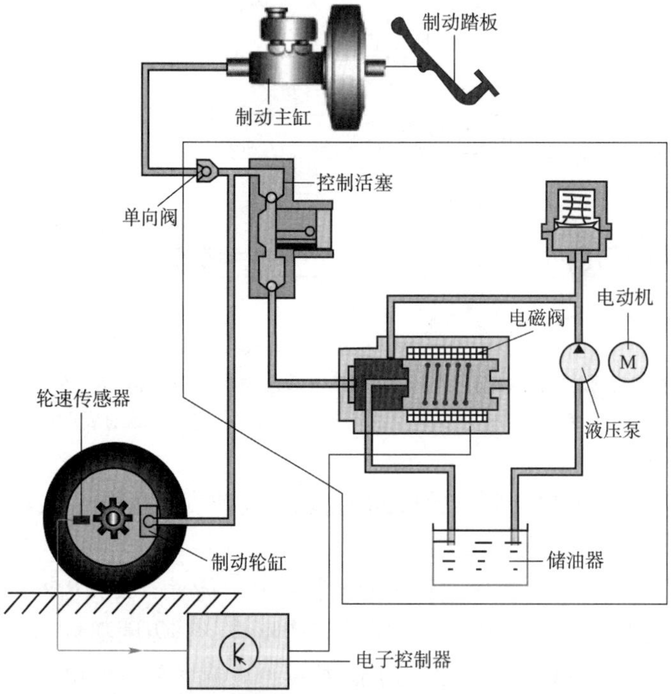

图 3-30　可变容积式制动压力调节器的常规制动状态

a. 减压制动过程:当 ECU 判断车轮趋于抱死时,将向电磁阀线圈输入一个大电流,电磁阀内的柱塞在电磁力作用下克服弹簧弹力移到右端位置,使高压蓄能器与控制活塞的工作腔相通,蓄能器中的高压制动液进入控制活塞工作腔,推动活塞右移,单向阀关闭,制动主缸与制动轮缸之间的通路被切断。同时,由于控制活塞右移使制动轮缸侧容积增大,制动压力减小。

b. 保压制动过程:当 ECU 判断车轮的滑移率处于合适的范围时,将向电磁阀线圈输入一个小电流,由于电磁线圈的电磁力减小,柱塞在弹簧力的作用下左移至中间位置,使蓄能器、储液器及控制活塞工作腔相互关闭。此时,控制活塞左侧的油压保持一定,控制活塞在油压和强力弹簧的共同作用下保持在一定的位置,而此时单向阀仍处于关闭状态,制动轮缸的容积也不发生变化,制动压力保持一定。

2)ABS 的优点

(1)缩短制动距离。ABS 可以将滑移率控制在最大附着系数范围内,从而可获得最大的纵向制动力。

(2)改善轮胎的磨损状况。ABS 可以防止车轮抱死,从而避免因制动车轮抱死造成的轮胎局部异常磨损,延长轮胎的使用寿命。

(3)提高汽车制动稳定性。ABS 可防止车轮在制动时完全抱死,能将车轮侧向附着系数控制在较大的范围内,使车轮具有较强的承受侧向力的能力,以保证汽车制动时的稳定性。

(4)使用方便、工作可靠。ABS 的运用与常规制动系统的运用几乎没有区别,制动时驾驶人踩下制动踏板,ABS 就根据车轮的实际转速自动进入工作状态,使车轮保持在最佳的工作状态。

3.驱动防滑控制系统(ASR)

驱动防滑控制系统(ASR)是维持附着条件、充分利用车轮驱动力的系统。该系统通过控制发动机转矩和适当对驱动车轮进行制动等手段来控制车轮的驱动力,使汽车在起步、加速时,特别在非对称路面或在转弯行驶时防止驱动车轮滑转。

典型的 ASR 主要由电子控制装置、车轮转速传感器、节气门位置传感器、节气门执行器和制动压力调节装置等组成,如图 3-31 所示。

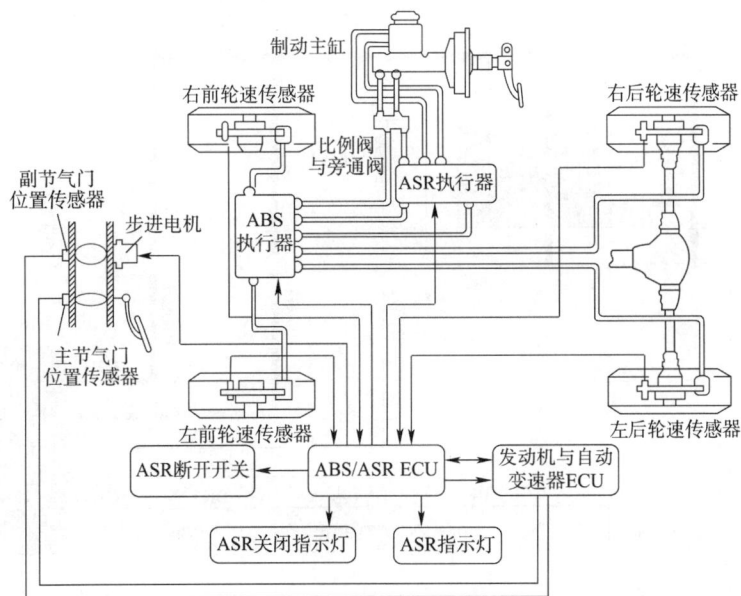

图 3-31 典型的驱动防滑控制系统

ASR 电子控制装置根据车轮转速传感器、节气门位置传感器、发动机转速传感器等提供的输入信号计算得到驱动车轮的滑移率,并判断汽车的行驶速度和行驶状况、节气门阀开度、发动机的工况等,确定是否进行防滑控制和选择何种控制方式。

4. 车身控制模块(BCM)

车身控制模块(BCM)安装在发动机室液压单元上,位于蓄电池后面靠近车舱的位置。车身控制模块有两个不同的微处理器,用来接收系统中不同传感器发送的信号。微处理器以平行方式工作,并遵照一定程序来计算出应该如何调节各个功能。

BCM 的执行件结构如图 3-32 所示,其有 12 个用于液压调节的节门线圈,其中 4 个节门线圈用于出气口,4 个用于进气口,4 个用于稳定性和循迹控制。BCM 有 1 个内部压力传感器,用于测量系统中的制动压力。

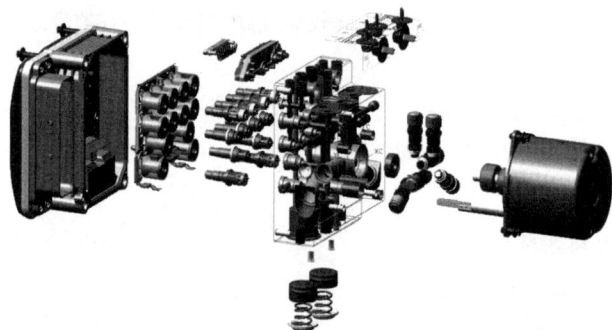

图 3-32　BCM 的执行件结构

如图 3-33 所示,BCM 经由 3 个熔断丝获得电源,并且在 2 个接地点接地。

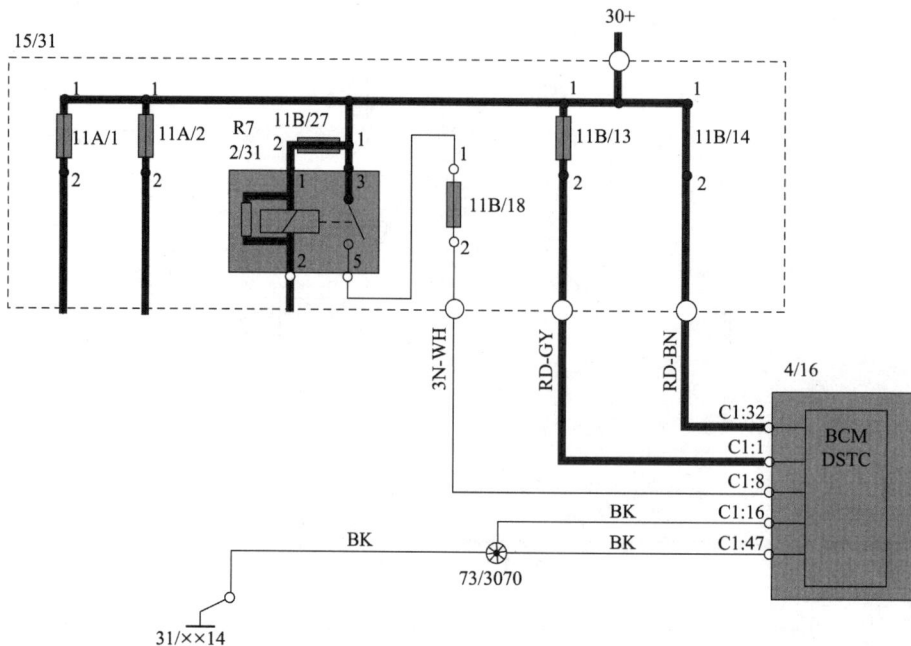

图 3-33　BCM 控制电路图

BCM 一般由输入电路、运算电路、输出(电磁阀控制)电路及安全保护电路等构成(图 3-34)。其功能是接收轮速传感器及其他传感器输送的信号,并对这些信号进行测量、比较、分析、放大和判断处理,通过精确计算,获知制动时车轮的滑动率、车轮的加减速度,以判断车轮是否有抱死的趋势,再由输出(电磁阀控制)电路发出控制命令,控制制动压力调节器去执行压力调节任务。

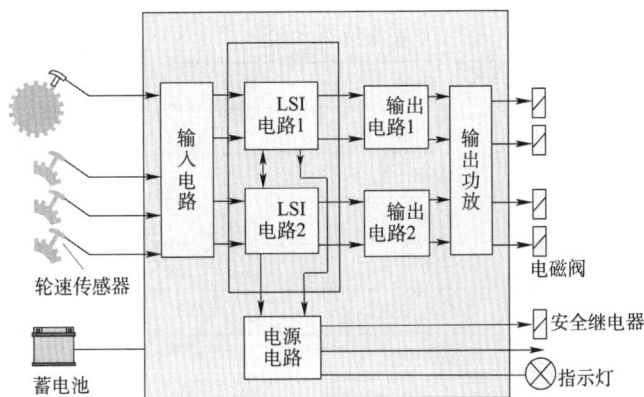

图 3-34　BCM 结构图

5. 制动控制模块常见故障及原因

制动控制模块常出现的故障有模块本身故障、线路故障、轮速传感器故障等。

(1)模块本身故障。

现象:制动控制模块故障后,仪表长报警,制动系统回归原始制动状态,失去 ABS 功能。

导致这种现象的原因主要有:

①模块内部损坏;

②网线数据断开;

③模块程序丢失。

(2)线路故障。

现象:电动助力系统线路出现故障后会导致系统不能工作。例如信号线虚接会导致系统间接性地工作,从而报警出现故障码。

导致这种现象的原因主要有:

①电源保险损坏;

②地线损坏;

③传感器线路损坏。

(3)ABS 轮速传感器故障。

现象:行驶中 ABS 指示灯点亮,有故障码,失去 ABS 功能。

导致这种现象的原因主要有:

①ABS 轮速传感器元件损坏;

②ABS 轮速传感器信号线损坏；

③ABS 轮速传感器信号线被干扰。

(二)制定工作方案

1. 任务分工(表3-7)

学生任务分配表   表3-7

班级		组号		指导老师	
组长		任务分工			
组员 1		任务分工			
组员 2		任务分工			
组员 3		任务分工			
组员 4		任务分工			
组员 5		任务分工			
组员 6		任务分工			

2. 工量具、仪器设备与耗材准备

(1)使用的工量具有：_____。

(2)使用的仪器设备有：_____。

(3)使用的耗材有：_____。

3. 具体方案描述

_____

_____

_____

_____

_____

三、计划实施

(一)安全注意事项及技能要点

1. 安全注意事项

(1)安装汽车故障诊断仪之前,需将点火开关处于关闭状态；

(2)拆卸制动模块线束之前,需要关闭点火开关。

2. 技能要点

(1)能正确使用数字万用表和汽车故障诊断仪；

(2)依据汽车维修操作要求,熟练规范地完成制动控制的故障诊断与排除。

(二)制动控制系统控制线路故障诊断与排除

制动控制系统控制线路故障诊断与排除见表3-8。

制动控制系统控制线路故障诊断与排除方法及说明　　　　表3-8

步骤	操作方法及说明	质量标准及记录
1.前期准备	(1)车辆信息填写。 (2)安装防护三件套(座椅套、转向盘套、脚垫)。 (3)安装翼子板布和前格栅布 	□正确安装 □按"8S"要求整理
2.安全检查	(1)安装车轮挡块。 (2)插入尾气排放管。 (3)检查驻车和挡位。 (4)检查机油液位、冷却液液位、制动液液位、蓄电池电压 	□正确安装 □按"8S"要求整理
3.仪器连接	点火开关关闭,正确连接汽车故障诊断仪	□正确连接 □按"8S"要求整理
4.故障现象确认	(1)起动发动机前,确认车辆周围环境是否安全。 (2)起动发动机后,观察仪表显示,制动系统是否点亮报警灯,确认故障症状并记录症状现象	□正确观察 □按"8S"要求整理
5.确定故障范围	(1)正确读取数据和清除故障码。 (2)制动模块及控制电路。 (3)轮速传感器件及控制线路	□正确使用故障诊断仪 □正确记录 □按"8S"要求整理
6.制动助力系统总成故障诊断与维修	检查制动模块的安装状态。 (1)制动模块的电路测量。 ①将点火开关置于"OFF"位置,断开K17电子制动控制模块插头。测量K17-1插座电压(万用表电压挡)。如果低于12V电压,回到蓄电池 B + 。	□正确检查安装状态

续上表

步骤	操作方法及说明	质量标准及记录
6.制动助力系统总成故障诊断与维修	 测量电压结果是否小于12V。 ②将点火开关置于"ON"位置断开 K17 电子制动控制模块插头。测量 K17 -1 插座电压(万用表电压挡)。如果低于 12V 电压,回到 X50A 熔断丝盒 F57UA。 测量电压结果是否小于12V。 ③将点火开关置于"OFF"位置,断开 K17 电子制动控制模块插头。测量 K17 -25 插座电压(万用表电压挡)。如果低于12V 电压,回到蓄电池 B + 。 测量电压结果是否小于12V。 ④将点火开关置于"ON"位置断开 K17 电子制动控制模块插头。测量 K17 -25 插座电压(万用表电压挡)。如果低于12V 电压,回到 X50A 熔断丝盒 F1DA。 测量电压结果是否小于12V。 ⑤将点火开关置于"OFF"位置,断开 K17 电子制动。测量 K17 X1-13.38 插座对地电阻(万用表电阻挡)。 测量电阻结果是否为大于2Ω。 ⑥检查接地插座与 K17 X1-13.38 插座之间是否异常。 (2)电子制动模块检查。 ①检查 K17 电子制动模块电机总成外观,是否有破损、裂纹、撞击痕迹。 ②检查 K17 电子制动控制模块电机总成外观,是否有漏油。	□是(转至②) □是(转至③) □是(转至④) □是(转至⑤) □是(转至⑥) □是(转至②) □是(转至③)

续上表

步骤	操作方法及说明	质量标准及记录
6. 制动助力系统总成故障诊断与维修	③更换密封圈或者总成。拆装流程见学习任务三学习活动2。是否完成操作。 ④检查 K17 电子制动控制模块电机总成外观,安装位置是否有移位。 ⑤修复拆装 K17 电子制动控制模块电机总成。拆装流程参见学习任务三学习活动1	□是(转至④) □是(转至⑤)
7. 维修结果确认	修复后再次检查故障码和数据流	□正确使用故障诊断仪 □按"8S"要求整理
8. 现场恢复	(1)汽车故障诊断仪、数字万用表、博世 208 接线盒、世达 150 件工具组套恢复到位。 (2)恢复车辆。 (3)打扫干净地面卫生	□按"8S"要求整理

四、评价反馈(表3-9)

评价表　　　　　　　　　　　　　　　　　　　表3-9

评分项目	评分标准	分值(分)	得分(分)
学习目标	能明确本任务的知识、技能、素养目标,理解任务在工作中的重要程度	5	
工作任务分析	能清晰描述完成本次工作任务内容	2	
	能清晰描述完成本次工作任务需必备的技能与知识点	2	
有效信息获取	能描述制动系统安装位置	5	
	能描述制动系统装置常见的异响现象及原因	5	
	能查阅维修手册,并根据手册清楚获取制动系统装置的类型及安装方式	6	
	能根据故障现象及原因进行相应零部件的检修	5	
实施方案制订	能清晰地制订并填写本次制动系统故障诊断与排除的准备作业计划	5	
	能组织或协同工作小组成员,明确本次任务所需仪器设备、工具、材料的准备与清点,并准备记录	5	
	能组织或协同工作小组成员交流,优化检查方案并记录	5	
任务实施	能根据路试法正确描述故障现象	5	
	通过故障现象确定故障位置,分析故障原因	5	

续上表

评分项目	评分标准	分值(分)	得分(分)
任务实施	通过查阅维修手册,结合分析结果,制订完善的检修方案	7	
	能进制动模块的拆装	5	
	能进行制动系统线路测量	5	
	能拆卸、测量、装调 ABS 轮速传感器	5	
	能利用检测工具找出故障原因,并作出正确的维修决策	7	
任务评价	能通过本次任务实施,结合自己在实训过程中的表现,进行自我评价及自我反思并记录	3	
职业素养	按规定时间完成项目作业	2	
	遵守实训室管理规定、劳动纪律	2	
	积极参与课堂活动、回答问题	2	
	能够按时出勤	2	
思政要求	能独立实施"8S"管理、融入团队协作、提升职业素养	5	
合计		100	

改进建议:

教师签字:

日期:

任务习题 >>>

一、不定项选择题

1. ECU 内部电路通常包括(　　　)

　　A. 输入及电路　　　　　　　　　　B. 运算电路

　　C. 电磁阀控制电路　　　　　　　　D. 安全保护电路

2. 制动系统的作用有(　　　)

　　A. 使行驶中的汽车按照驾驶人的要求进行减速或停车

　　B. 使已停驶的汽车在各种道路条件下安全、稳定地驻车

　　C. 制动系统会导致油耗增大

　　D. 使下坡行驶的汽车速度保持稳定

3. 常见的制动性能评价指标有(　　　)

  A. 制动时的道路情况　　　　　　B. 制动效能

  C. 制动抗热衰退性　　　　　　　D. 制动稳定性

4. 检测轮速传感器的方式有(　　　)

  A. 传感器的外观检查

  B. 传感头与齿圈齿顶端面之间间隙的检查

  C. 传感器电磁线圈及其电路的检测

  D. 转向灯检查

5. 制动压力调节器的检测包括(　　　)

  A. 电磁阀　　　　　　　　　　　B. 电动液压泵

  C. 继电器的检测　　　　　　　　D. 利用诊断仪检测

6. 对汽车维修技术员要求有(　　　)

  A. 接收/检查修理单,接收用于修理的订购零件

  B. 在允许的时间内进行工作

  C. 向技师领班确认工作完成

  D. 对接技术难度高的工作并向技术员提供指导和帮助

7. 制动警告灯点亮的故障排除检查有(　　　)

  A. 确保驻车制动器完全释放,检查储液罐的液面高度

  B. 检查制动总泵有无外部泄漏

  C. 检查液压系统有无外部泄漏

  D. 检查制动报警指示灯线路有无故障

8. 车身控制模块的构成有(　　　)

  A. 输入级电路　　　　　　　　　B. 运算电路

  C. 输出级(电磁阀控制)电路　　　D. 安全保护电路

9. 制动压力调节器的功用是(　　　)

  A. 在制动时根据 ECU 的控制指令,自动调节制动轮缸制动压力的大小

  B. 防止车轮抱死

  C. 处于理想滑移率的状态

  D. 增大转向角度

10. 循环式制动压力调节器工作原理为(　　　)

  A. 增压　　　　　　　　　　　　B. 保压

  C. 减压　　　　　　　　　　　　D. 常规制动

二、判断题

1. 当轮速传感器损坏时,ABS 警告灯为红色。　　　　　　　　　　(　　　)

2. 电子稳定控制系统通过电子控制单元监控汽车运行状态,对车辆的发动机及制动系统进行干预控制。　　　　　　　　　　　　　　　　(　　　)

3. 可变容积式制动压力调节器通过电磁阀直接改变轮缸的制动压力。　　（　　）

4. 电子稳定控制系统由传感器、电子控制单元和执行器三大部分组成。　　（　　）

5. 轮速传感器是检测变速器输出轴的旋转速度,并将速度信号输入 ECU。

（　　）

6. 霍尔式轮速传感器输出信号电压幅值受转速的影响,抗电磁波干扰能力较弱。

（　　）

7. ABS 可以防止车轮抱死,从而避免因制动车轮抱死造成的轮胎局部异常磨损,延长了轮胎的使用寿命。　　（　　）

8. 车辆行驶中 ABS 指示灯点亮,有故障码,失去 ABS 功能,有可能是 ABS 轮速传感器信号线被干扰造成的。　　（　　）

9. 车上常用的行车制动器都是利用固定元件与旋转元件工作表面的摩擦而产生制动力矩。　　（　　）

10. 盘式制动器制动块摩擦面积大,磨损较慢,所以寿命较长。　　（　　）

三、实操练习题

1. 一辆轿车进厂维修,客户反映汽车制动踏板复位缓慢。请根据此现象制定制动系故障诊断与排除的检修方案。

2. 一辆轿车进厂维修,客户反映汽车仪表长报警,制动系统回归原始制动状态,失去 ABS 功能。请根据此现象制定制动系故障诊断与排除的检修方案。

学习任务四

汽车行驶跑偏故障诊断与排除

学习目标 》》》

1. 知识目标

（1）能描述轮胎功用、类型和结构组成。

（2）能说出轮胎各零部件常见的损坏形式。

（3）能描述轮胎在车辆行驶过程中异常磨损的现象及原因。

（4）能描述转向系统功用、类型和结构组成。

（5）能说出转向系统各零部件常见的损坏形式。

（6）能描述转向系统在车辆行驶过程中异常磨损的现象及原因。

（7）能讲述悬架的组成、功用和类型。

（8）能讲述悬架的结构及工作原理。

2. 技能目标

（1）能根据维护手册，查阅轮胎的结构及安装方式。

（2）能正确使用工具设备完成轮胎的拆装与检查。

（3）能根据维修工单的故障描述，对轮胎磨损原因进行分析，并制定完善的维修方案，准确排除故障。

（4）能根据维护手册，查阅转向系统的结构及安装方式。

（5）能正确使用工具设备完成转向系统的拆装与检查。

（6）能根据维修工单的故障描述，对转向系统磨损原因进行分析，并制定完善的维修方案，准确排除故障。

（7）能正确检修悬架主要零部件。

（8）能正确分析和掌握悬架系统故障诊断与维修。

（9）能正确对减振器进行拆卸与安装。

3. 素养目标

（1）培养学生严谨的工作态度，规范实训"8S"管理，养成良好的职业行为习惯。

（2）规范操作，主动钻研，养成精益求精的工匠精神。

（3）通过学习，具备本专业高素质技术工作者所必需的完工检验，同时培养专业兴趣，增强团结协作的能力。

（4）促进学生职业素养的形成，为培养高素质汽车售后服务专门人才奠定良好的基础。

（5）培养自主学习、崇尚劳动，形成有耐心、够细心、爱岗敬业的劳模精神。

参考学时 》》》

48 学时。

任务描述 》》》

一辆汽车进厂维修，客户反映汽车在行驶过程中往右侧跑偏，需要握紧转向盘方可保持直线行驶，需对行驶系进行故障诊断与排除。

学习活动 1　轮胎故障诊断与排除

一、明确任务

根据任务描述，汽车在行驶过程中往右侧跑偏，对故障车辆进行检测，需要对轮胎部件进行检查与更换，以使其恢复正常使用性能。

二、工作准备与计划制订

（一）知识准备

汽车轮胎是在各种车辆或机械上装配的、接地滚动的圆环形弹性橡胶制品。通常安装在金属轮辋上，能支承车身，缓冲外界冲击，实现与路面的接触并保证车辆的行驶性能。轮胎常在复杂和苛刻的条件下使用，它在行驶时承受着各种变形、负荷、力以及高低温作用，因此必须具有较高的承载性能、牵引性能、缓冲性能。同时，还要求具备高耐磨性和耐屈挠性，以及低的滚动阻力与生热性。

1. 车胎的总成功用与结构

1）车胎的总成功用

_____与_____是汽车行驶系统中的主要部件，汽车通过轮胎直接与地面接触，并在道路上行驶。车轮与轮胎的主要功用如下。

（1）支承汽车总质量。

（2）吸收和缓和汽车行驶时所遇到的路面冲击和振动。

（3）保证轮胎与路面的良好附着性能，以提高汽车的动力性、制动性和通过性。

（4）产生平衡汽车转向行驶时离心力的侧抗力,在保证汽车正常转向行驶的同时,通过轮胎产生自动回正力矩,使汽车保持直线行驶。

2）结构组成

汽车车轮总成如图4-1所示,是由车轮和轮胎两大部分组成,是汽车行驶系统的重要部件之一。

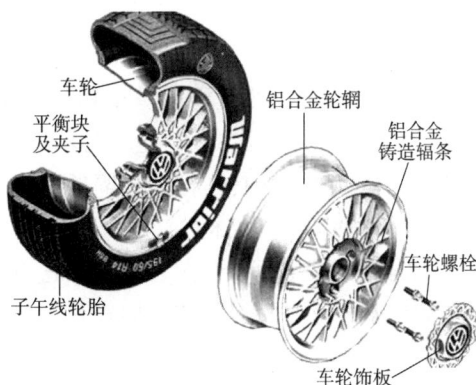

图4-1 汽车车轮总成

2. 车轮的功用与类型

1）车轮的功用

车轮是介于轮胎和车桥之间承受负荷的_____,其功用是_____,承受轮胎与车桥之间的各种载荷。

2）车轮的组成

车轮是介于轮胎和车桥之间承受负荷的旋转组件,如图4-2所示,一般由_____、_____和_____组成。轮毂通过圆锥滚柱轴承套装在车桥或转向节轴颈上。轮辋也叫钢圈,用以安装轮胎,与轮胎共同承受作用在车轮上的负荷,并散发高速行驶时轮胎上产生的热量及保证车轮具有合适的断面宽度和横向刚度。轮辐将轮辋与轮毂连接起来。轮辋与轮辐可以是整体的(不可拆式),也可以是可拆式的。

车轮总成结构

3）车轮的类型和结构

（1）轮辐类型与结构。

车轮可分为_____和_____两种。目前,普通级轿车和轻、中型载货汽车多采用辐板式车轮,而高级轿车、竞赛汽车及重型载货汽车多采用辐条式车轮。

①辐板式车轮。

目前在轿车和货车上广泛采用辐板式车轮,其结构如图4-3所示。辐板式车轮由轮辋、辐板、轮毂和气门嘴伸出口组成。车轮中用以连接轮毂和轮辋的钢质圆盘称为_____,大多是冲压制成的,少数是和轮毂铸成一体,后者主要用于重型汽车。

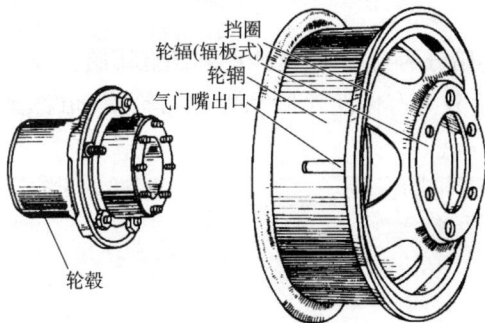

图4-2 车轮总成

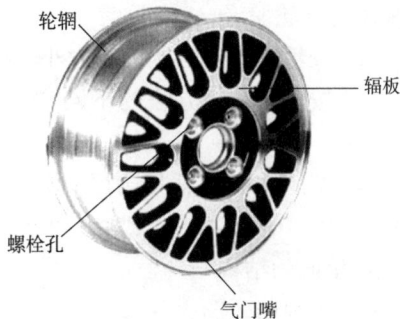

图4-3 辐板式车轮

②辐条式车轮。

按辐条的结构不同,辐条又分为钢丝辐条和铸造辐条。钢丝辐条车轮由于价格昂贵、维修安装不便,故仅用于赛车和某些高级轿车上。铸造辐条式车轮常用于重型货车上,辐条与轮毂铸成一体,轮辋是用螺栓和特殊形状的衬块固定在辐条上,为了使轮辋和辐条很好地对中,在轮辋和辐条上都加工出配合锥面。

(2)轮辋类型与结构。

轮辋也称钢圈,用于安装轮胎。它由_____、_____和_____等组成。按其结构不同,轮辋的常见结构形式有:_____、_____和_____,如图4-4所示。

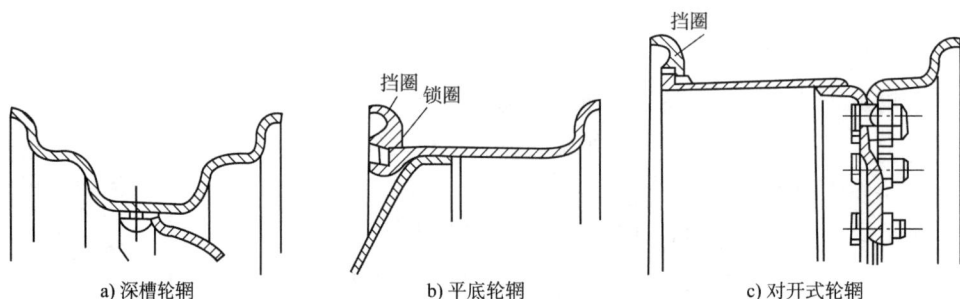

图4-4　轮辋的常见结构形式

a) 深槽轮辋　　　　b) 平底轮辋　　　　c) 对开式轮辋

3.轮胎的功用与类型

1)轮胎的功用

轮胎安装在轮辋上,直接与路面接触,它的主要功能如下。

(1)和汽车悬架共同来缓和汽车行驶中所受到的冲击,并衰减由此而产生的振动,以保证汽车有良好的乘坐舒适性和行驶平顺性。

(2)保证车轮和路面有良好的附着性,以提高汽车的牵引性、制动性和通过性。

(3)支承汽车的质量、承受路面的其他反作用力。

因此,轮胎必须具有适宜的弹性和承受载荷的能力。同时,在其与路面直接接触的胎面部分,应具有增强附着作用的花纹。

2)轮胎的类型

(1)按胎体结构的不同,轮胎可分为_____和_____两种。现代汽车绝大多数采用充气轮胎。

(2)按轮胎内空气压力的大小,充气轮胎分为高压胎、低压胎和超低压胎三种。

(3)按保持空气方法的不同,充气轮胎分为有内胎轮胎和无内胎轮胎(俗称真空胎)两种。

(4)按胎体帘线粘接方式的不同,充气轮胎分为_____(交替斜纹帘布层轮胎)、_____和_____。

3)轮胎的结构

(1)无内胎轮胎。

无内胎轮胎俗称真空胎,在外观上与普通轮胎相似,但是没有内胎及垫带。它的气门嘴用橡胶垫圈和螺母直接固定在轮辋上,空气直接充入外胎中,其密封性由外胎和轮辋来保证,如图4-5所示。

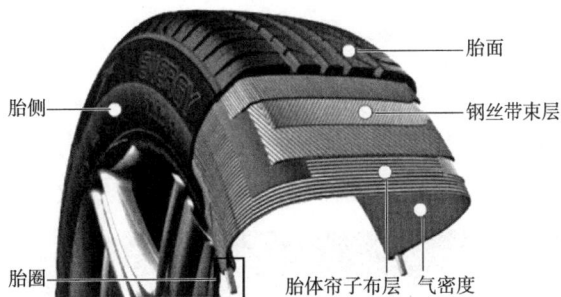

图4-5 无内胎轮胎

(2)外胎。

外胎由胎面、保护层、带束层、帘布层、胎肩、胎侧和胎圈等组成,如图4-6所示。

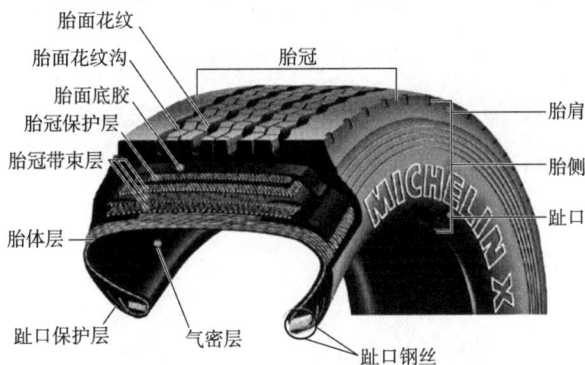

图4-6 外胎的结构

4.轮胎的规格表示方法

国产子午线轮胎规格用BRd表示,其中R代表子午线轮胎(即"Radial"的第一个字母)。国产轿车子午线轮胎断面宽B已全部改用公制单位mm;载货汽车轮胎断面宽B有英制单位(in)和公制单位两种。而轮辋直径d的单位仍为英寸(in)。

轿车子午线轮胎

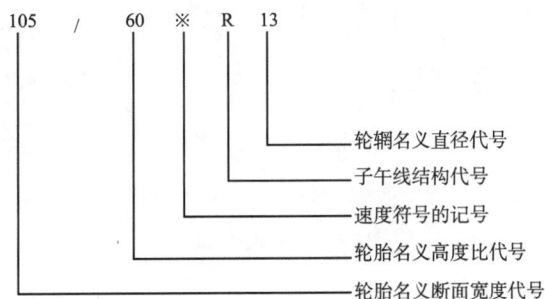

其中数字60,表明属于60系列的轮胎。

美国规定轿车轮胎在规格前加"P"(表示轿车轮胎)。例如北京切诺基吉普车的轮胎规格为P215/75R15。

5. 轮胎生产日期

轮胎上一般均标有轮胎生产日期。如图4-7所示,轮胎生产日期可察看侧面相应的数据。生产日期的后两位代表生产年份,前两位代表是第几周生产,图中该轮胎为2013年第35周生产。

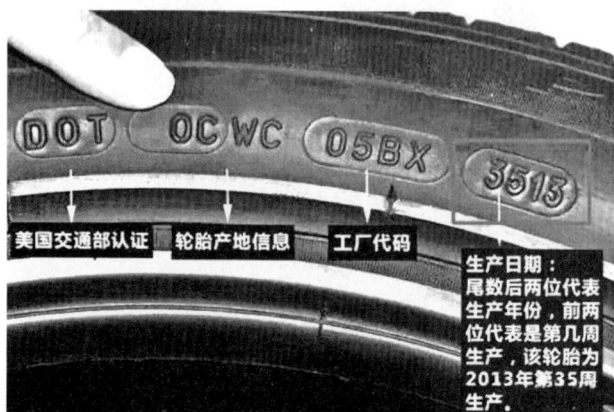

图4-7 轮胎生产日期

6. 车轮和轮胎的常见故障及原因

1)车轮常见故障及原因

车轮常见故障为轮毂轴承过松或过紧。轮毂轴承过松,会造成车轮摆振及行驶不稳,严重时还能使车轮甩出。

此时,可将车轮支起,通过用手横向摇晃车轮,即可诊断出车轮轴承是否松旷,一旦发现轴承松旷,必须立即修理。

2)轮胎常见故障及原因

(1)胎肩或胎面中间磨损。

现象:如图4-8所示,轮胎的胎肩和胎面出现了磨损。

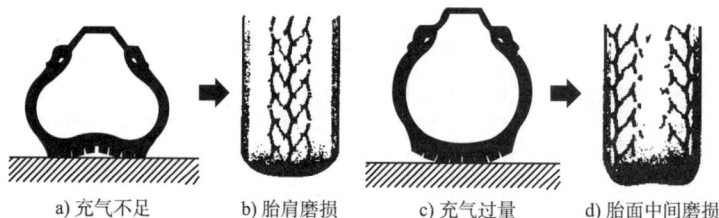

a)充气不足　　b)胎肩磨损　　c)充气过量　　d)胎面中间磨损

图4-8 胎肩或胎面磨损

导致这种现象的原因主要有:

①集中在胎肩上或胎面中间的磨损,主要是由于未能正确保持充气压力所致。如

果轮胎充气压力过低,轮胎的中间便会凹入,将载荷转移到胎肩上,使胎肩磨损快于胎面中间。

②另一方面,如果充气压力过高,轮胎中间便会凸出,承受了较大的载荷,使轮胎中间磨损快于胎肩。

(2)内侧磨损或外侧磨损。

现象:图4-9所示为轮胎的内侧或外侧磨损。

导致这种现象的原因主要有:

①在过高的车速下转弯会造成转弯磨损。转弯时轮胎滑动,便产生了斜形磨损。这是较常见的轮胎磨损原因之一,驾驶人所能采取的唯一补救措施,就是在转弯时减低车速。

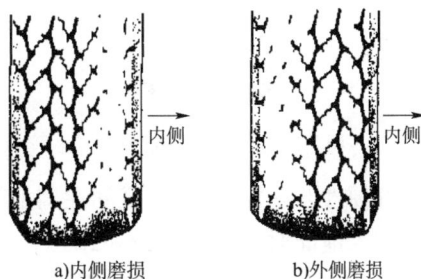
a)内侧磨损　　b)外侧磨损

图4-9　单侧磨损

②悬架部件变形或间隙过大,会影响前轮定位,造成不正常的轮胎磨损。

③如果轮胎面某一侧的磨损快于另一侧的磨损,其主要原因可能是外倾角不正确。由于轮胎与路面接触面积大小因载荷而异,对具有正外倾角的轮胎而言,其外侧直径要小于其内侧直径。因此胎面必须在路面上滑动,以便其转动距离与胎面的内侧相等。这种滑动便造成了外侧胎面的过量磨损。反之,具有负外倾角的轮胎,其内侧胎面磨损较快。

(3)前束磨损和后束磨损(羽状磨损)。

现象:如图4-10所示,车轮出现了前束磨损和后束磨损。

导致这种现象的原因主要有:

①胎面的羽状磨损,主要是由于前束调节不当所致,过量的前束,会迫使轮胎向外滑动,并使胎面的接触面在路面上朝内拖动,造成前束磨损。如图4-10所示,胎面呈明显的羽毛形。用手指从轮胎的内侧至外侧划过胎面,便可加以辨别。

②另一方面,过量的后束,会将轮胎向内拉动,并使胎面的接触面在路面上朝外拖动,造成图4-10所示的后束磨损。

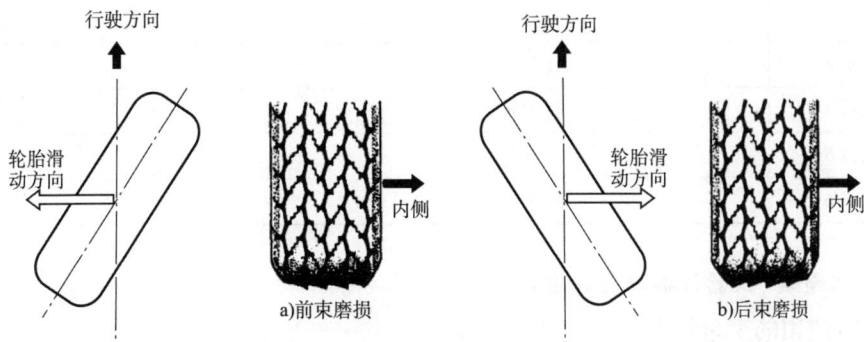
a)前束磨损　　b)后束磨损

图4-10　前束磨损和后束磨损

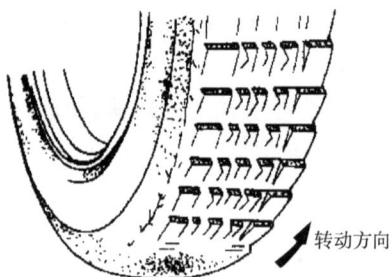

图 4-11 前端和后端磨损

（4）前端磨损和后端磨损。

现象：图 4-11 为前端和后端磨损。

导致这种现象的原因主要有：

①前端和后端磨损是一种局部磨损，常常出现在具有横向花纹和区间花纹的轮胎上，胎面上的区间发生斜向磨损（与鞋跟的磨损方式相同），最终变成锯齿状。如车辆经常在硬性路道路路面上行驶，轮胎便会磨损较快。这是由于轮胎向上转动并离开硬性路路面时，胎面区间在刹那间打滑所致（由于硬性路面很坚硬，当胎面区间试图掘入地面时，道路路面不凹陷）。因此最后离开路面的胎面区间部分受到较大的磨损。具有纵向折线花纹的胎面，磨损时会产生波状花纹。

②非驱动轮的轮胎仅受制动力的影响，而不受驱动力的影响，因此往往会有前后端形式的磨损，如反复使用和放开制动器，便会使轮胎每次发生短距离滑动而磨损，前后端磨损的形式便与这种磨损相似。

③如果是驱动轮的轮胎，则驱动力所造成的磨损，会在制动力所造成的磨损的相反的方向上出现，所以驱动轮轮胎极少出现前后端磨损。客车和大货车由于制动时产生了大得多的摩擦力，故具有横向花纹的轮胎，便会出现与非驱动轮相似的前后端磨损。

（二）制订工作方案

1. 任务分工（表 4-1）

学生任务分配表

表 4-1

班级		组号		指导老师	
组长		任务分工			
组员 1		任务分工			
组员 2		任务分工			
组员 3		任务分工			
组员 4		任务分工			
组员 5		任务分工			
组员 6		任务分工			

2. 工量具、仪器设备与耗材准备

（1）使用的工量具有：_____。

（2）使用的仪器设备有：_____。

（3）使用的耗材有：_____。

3.具体方案描述

_____

_____

_____

_____

_____

⚙ 三、计划实施

(一)安全注意事项及技能要点

1.安全注意事项

(1)作业之前戴好工作手套和安全帽。

(2)使用举升机前,检查并排除设备周围,车辆上的人和障碍物,确认安全锁止装置工作可靠。

(3)正确、规范使用轮胎检修工具。

(4)为避免人身伤害或部件损坏,拆下车轮必须放到规定位置。

2.技能要点

(1)拆装轮胎必须注意轮胎螺栓按照顺序拆卸,装配时应按记号原位装复。

(2)拆装轮胎必须使用专用工具,不允许用大锤敲击或其他尖锐的用具拆胎,以防损坏轮胎和工具。

(3)安装有向花纹的轮胎,应注意滚动方向的标记。拆装子午线胎应做记号,使安装后的子午线胎滚动方向保持不变。

(4)拆装无内胎轮胎时,每次均需换上新的O形圈,O形圈要完好,并经植物油浸泡。

(5)新装配好的无内胎轮胎,充气时应用皂水检查轮辋与胎圈接触部O形圈、气门嘴垫、气门芯等处是否漏气。

(二)轮胎故障诊断与排除

轮胎故障诊断与排除操作方法及说明见表4-2。

轮胎故障诊断与排除操作方法及说明 表4-2

步骤	操作方法及说明	质量标准及记录
1.前期准备	(1)车辆信息填写; (2)安装防护三件套(座椅套、转向盘套、脚垫); (3)安装翼子板布和前格栅布	□正确安装 □按"8S"要求整理

步骤	操作方法及说明	质量标准及记录
1. 前期准备		
2. 安全检查	(1)检查驻车制动器和挡位; (2)检查机油液位、冷却液液位、制动液液位、蓄电池电压 	□正确安装 □正确使用数字万用表 □按"8S"要求整理
3. 仪器连接	正确使用工具、量具(四轮定位仪)	□正确连接 □按"8S"要求整理
4. 故障现象确认	(1)起动发动机前,确认车辆周围环境是否安全; (2)进行四轮定位检查,发现右前轮前束值变大; (3)进行上路行驶测试,行驶向右跑偏现象	□正确观察 □按"8S"要求整理
5. 确定故障范围	(1)轮胎出现异常磨损; (2)轮胎动平衡出现异常	□正确使用工具 □正确记录 □按"8S"要求整理
6. 轮胎故障诊断与排除	(1)判断是否查阅行驶系统的说明与操作并进行了必要的检查; (2)确认行驶跑偏的情况是否存在; (3)根检查轮胎气压是否在正常范围内,并进行外观检查是否符合要求; (4)有需要拆下汽车轮胎进行轮胎动平衡检查,并操作达到轮胎动平衡要求	□正确检查安装状态

续上表

步骤	操作方法及说明	质量标准及记录
7.维修结果确认	修复后试车,再次检查故障现象是否恢复	□正确使用故障诊断仪 □按"8S"要求整理
8.现场恢复	(1)将工具恢复到位; (2)恢复车辆; (3)打扫干净地面卫生	□按"8S"要求整理

四、评价反馈(表4-3)

评价表   表4-3

评分项目	评分标准	分值(分)	得分(分)
学习目标	能明确本任务的知识、技能、素养目标,理解任务在工作中的重要程度	5	
工作任务分析	能清晰描述完成本次工作任务内容	2	
	能清晰描述完成本次工作任务需必备的技能与知识点	2	
有效信息获取	能描述轮胎的分类	5	
	能描述轮胎常见的磨损现象及原因	5	
	能查阅维修手册,并根据手册清楚获取轮胎的类型及安装方式	6	
	能根据故障现象及原因进行相应零部件的检修	5	
实施方案制订	能清晰地制订并填写本次轮胎磨损故障诊断与排除的准备作业计划	5	
	能组织或协同工作小组成员,明确本次任务所需仪器设备、工具、材料的准备与清点,并准备记录	5	
	能组织或协同工作小组成员交流,优化检查方案并记录	5	
任务实施	能根据路试法正确描述故障现象	5	
	通过故障现象确定故障位置,分析故障原因	5	
	通过查阅维修手册,结合分析结果,制订完善的检修方案	7	
	能进行轮胎的拆装	5	
	能进行轮胎进行正确检查	5	
	能进行对轮胎的动平衡作业	5	
	能利用检测工具找出轮胎偏磨原因,并作出正确的维修决策	7	

续上表

评分项目	评分标准	分值(分)	得分(分)
任务评价	能过本次任务实施,结合自己在实训过程中的表现,进行自我评价及自我反思并记录	3	
职业素养	按规定时间完成项目作业	2	
	遵守实训室管理规定、劳动纪律	2	
	积极参与课堂活动、回答问题	2	
	能够按时出勤	2	
思政要求	能独立实施"8S"、融入团队协作、提升职业素养	5	
合计		100	

改进建议:

教师签字:

日期:

学习活动 2　转向系统故障诊断与排除

一、明确任务

根据任务描述,汽车在行驶过程中往右侧跑偏,需要对转向系统部件进行检查与更换,使其恢复正常使用性能。

二、工作准备与计划制订

(一)知识准备

汽车在行驶过程中,驾驶人会根据个人意志经常改变其行驶方向,即汽车转向。就轮式汽车而言,实现汽车转向的方法是驾驶人通过一套专设机构,使汽车转向桥(一般是前桥)上的车轮(转向轮)相对于汽车纵轴线偏转一定角度。在汽车直线行驶时,转向轮也会受到路面侧向干扰力的作用,自动偏转而改变行驶方向。

1. 转向系统功用

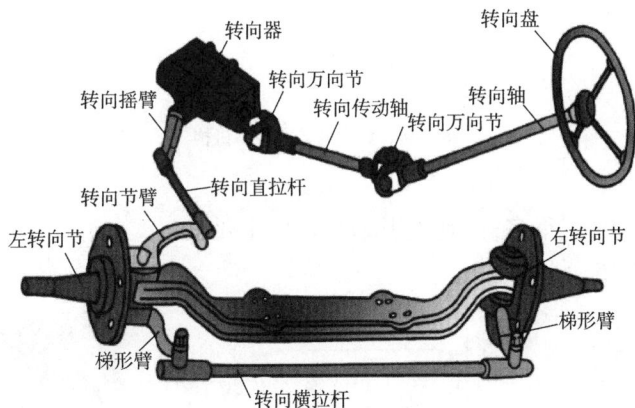

转向系统(图4-12)的功用是按照驾驶人的意愿改变汽车的_____并保持汽车_____。

2. 转向系统的类型

汽车转向系统按转向动力源的不同分为_____和_____两类。

图4-12 转向系统结构

机械式转向系统以人力作为转向动力。机械式转向系统由_____、_____和_____三大部分组成,其组成如图4-13所示。

转向系统功用

图4-13 机械式转向系统

(1)转向操纵机构。

①功用。

转向操纵机构的功用是产生转动转向器所必需的操纵力,并确保一定的调节和安全性能。

②组成。

图4-14所示为一典型的转向操纵机构,一般由转向盘、转向柱总成、转向器、转向摇臂、直拉杆、转向节臂、转向节、转向横拉杆等组成。

(2)转向器。

①功用。

转向器是转向系统中减速增矩的装置,其功用是增大转向盘传到转向节的力并改变力的传递方向。

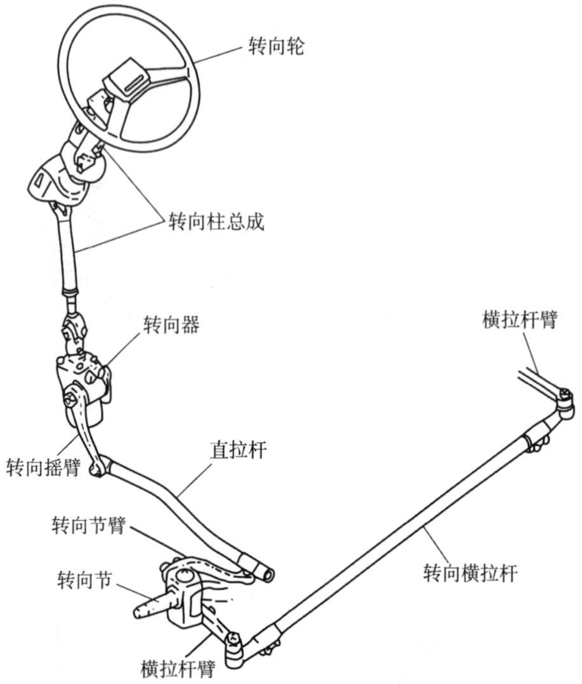

图 4-14 典型的转向操纵机构

②类型。

转向器的结构形式很多,目前,应用较广泛的主要有_____、_____和_____三种形式,如图 4-15 所示。

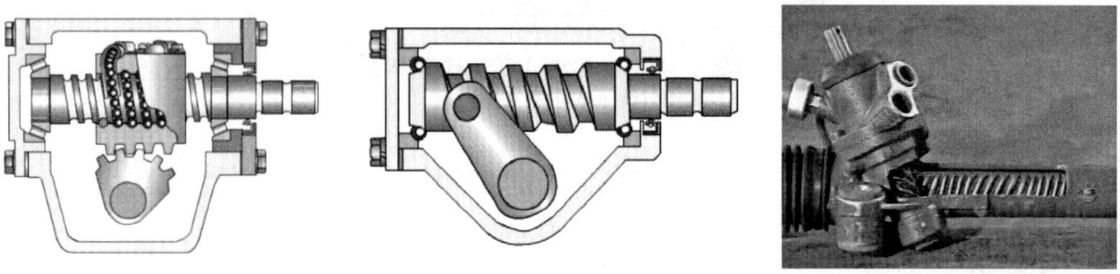

a)循环球式转向器　　　b)蜗杆曲柄指销式转向器　　　c)齿轮—齿条式转向器

图 4-15 转向器的结构

(3)转向传动机构。

①功用。

转向传动机构的功用是将转向器输出的力和运动传给转向轮,使两侧转向轮偏转以实现汽车转向,并保证左右转向轮的偏转角按一定关系变化。

②组成。

与非独立悬架配用的转向传动机构如图 4-16 所示。

与独立悬架配用的转向传动机构如图 4-17 所示。

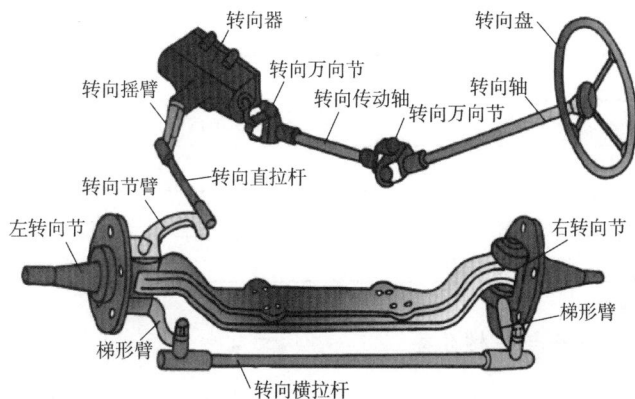

图 4-16　转向传动机构(与非独立悬架配用)

3. 转向系统常见故障及原因

汽车转向系常见的故障主要有:转向盘转动过大、操纵不稳定、前轮摆头、跑偏、转向沉重等。

(1)转向沉重。

现象:汽车转向时,转动转向盘沉重费力,增加驾驶人的体力消耗。

导致这种现象的原因主要有:

图 4-17　转向传动机构(与独立悬架配用)

由机械转向系统的构造和工作原理可知,转向沉重是由转向系统的运动阻力过大而造成的,主要因素有:转向系各部间隙过小、运动机件变形、缺油以及其他方面的原因,造成机件运动阻力增大及运动件卡滞等等。

(2)转向不灵敏,操纵不稳定。

现象:操纵转向盘时感觉旷量很大,需要用较大的幅度转动转向盘,才能控制汽车的行驶方向,汽车在直线行驶时感到行驶不稳定。

导致这种现象的原因主要有:

转向盘操纵松旷主要由转向系统磨损、安装调整不当等原因导致各部间隙过大或松动。

(二)制订工作方案

1. 任务分工(表 4-4)

学生任务分配表　　　　　　　　　　表 4-4

班级		组号		指导老师	
组长		任务分工			
组员 1		任务分工			
组员 2		任务分工			

续上表

班级		组号		指导老师	
组员 3		任务分工			
组员 4		任务分工			
组员 5		任务分工			
组员 6		任务分工			

2. 工量具、仪器设备与耗材准备

(1)使用的工量具有：_____。

(2)使用的仪器设备有：_____。

(3)使用的耗材有：_____。

3. 具体方案描述

_____

_____

_____

_____

_____

三、计划实施

(一)安全注意事项及技能要点

1. 安全注意事项

(1)作业之前戴好工作手套和安全帽。

(2)使用举升机前，请检查并排除设备周围及车辆上的人和障碍物，确认安全锁止装置工作可靠。

(3)正确、规范使用转向系统检修工具。

(4)为避免人身伤害或部件损坏，拆下转向系统部件后必须放到规定位置。

2. 技能要点

(1)拆装转向系统时，转向系统螺栓应按照顺序拆卸，装配时应按记号原位装复。

(2)拆装转向系统要用专用工具，不允许用大锤敲击或其他尖锐的用具拆胎。

(3)动力转向泵、V 带张经理符合生产厂家的规定。

(4)动力转向泵储液罐中液面高度需要达到生产厂家的规定。

(5)维修过程中，当点火开关在打开状态下时，不要随意断开蓄电池导线（避免丢失控制模块中存储的信息），也不要拆卸或安装控制模块及其插接器。

（二）转向系统故障诊断与排除

转向系统故障诊断与排除操作方法及说明见表4-5。

转向系统故障诊断与排除操作方法及说明   表4-5

步骤	操作方法及说明	质量标准及记录
1. 前期准备	(1) 车辆信息填写； (2) 安装防护三件套(座椅套、转向盘套、脚垫)； (3) 安装翼子板布和前格栅布 	□ 正确安装 □ 按"8S"要求整理
2. 安全检查	(1) 安装车轮挡块； (2) 插入尾气排放管； (3) 检查驻车制动器和挡位； (4) 检查机油液位、冷却液液位、制动液液位、蓄电池电压 	□ 正确安装 □ 正确使用数字万用表 □ 按"8S"要求整理
3. 仪器连接	正确使用工具、量具(四轮定位仪) 	□ 正确连接 □ 按"8S"要求整理
4. 故障现象确认	(1) 通过四轮定位检查，发生右前轮前束值变大，打转向盘有异响； (2) 进行上路行驶测试，出现行驶向右跑偏现象	□ 正确观察 □ 按"8S"要求整理

续上表

步骤	操作方法及说明	质量标准及记录
5. 确定故障范围	右前轮前束值变大,故障区一般在悬架、转向、轮胎部位 	□正确使用工具 □正确记录 □按"8S"要求整理
6. 转向系统故障诊断与排除	(1)检查轮胎,无异常可排除此因素; (2)将汽车停置在举升架上,检查转向盘自由间隙,基本符合要求; (3)左右转动转向盘,出现噪声; (4)再检查横拉杆球头销,松旷,有卡滞现象; (5)更换横拉杆球头销,并固定好自锁螺栓,故障排除	□正确使用故障诊断仪 □按"8S"要求整理
7. 维修结果确认	修复后试车,再次检查故障现象是否恢复	□按"8S"要求整理
8. 现场恢复	(1)将工具恢复到位; (2)恢复车辆; (3)打扫干净地面卫生	□正确安装 □按"8S"要求整理

四、评价反馈(表4-6)

评价表　　　　　　　　　　　　　　　　表4-6

评分项目	评分标准	分值(分)	得分(分)
学习目标	能明确本任务的知识、技能、素养目标,理解任务在工作中的重要程度	5	
工作任务分析	能清晰描述完成本次工作任务内容	2	
	能清晰描述完成本次工作任务需必备的技能与知识点	2	
有效信息获取	能描述转向系统的分类	5	
	能描述转向系统常见的磨损现象及原因	5	
	能查阅维修手册,并根据手册清楚获取转向系统的类型及安装方式	6	
	能根据故障现象及原因进行相应零部件的检修	5	

续上表

评分项目	评分标准	分值(分)	得分(分)
实施方案制订	能清晰地制订并填写本次转向系统磨损故障诊断与排除的准备作业计划	5	
	能组织或协同工作小组成员,明确本次任务所需仪器设备、工具、材料的准备与清点,并准备记录	5	
	能组织或协同工作小组成员交流,优化检查方案并记录	5	
任务实施	能根据路试法正确描述故障现象	5	
	通过故障现象确定故障位置,分析故障原因	5	
	通过查阅维修手册,结合分析结果,制订完善的检修方案	7	
	能进行转向系统的拆装	5	
	能对转向系统进行正确检查	5	
	能进行对转向系统的动平衡作业	5	
	能利用检测工具找出转向系统偏磨原因,并做出正确的维修决策	7	
任务评价	能过本次任务实施,结合自己在实训过程中的表现,进行自我评价及自我反思并记录	3	
职业素养	按规定时间完成项目作业	2	
	遵守实训室管理规定、劳动纪律	2	
	积极参与课堂活动、回答问题	2	
	能够按时出勤	2	
思政要求	能独立实施"8S"、融入团队协作、提升职业素养	5	
合计		100	

改进建议:

教师签字:

日期:

学习活动 3　悬架系统故障诊断与排除

一、明确任务

根据任务描述,汽车在行驶过程中往右侧跑偏。需要对悬架系统部件进行检查与更换,使其恢复正常使用性能。

二、工作准备与计划制订

(一)知识准备

舒适性是轿车最重要的使用性能之一。舒适性与车身的固有振动特性有关,而车身的固有振动特性又与悬架的特性紧密相关。汽车悬架是保证乘坐舒适性的重要部件,同时也是衡量轿车质量的重要指标之一。作为车架(或车身)与车轴(或车轮)之间的传力机件,汽车悬架对汽车行驶安全具有重要意义。合理的悬架结构、形式和性能参数,对汽车行驶平顺性、操纵稳定性和舒适性有显著影响。

1.悬架的组成

悬架是车架(或车身)与车桥(或车轮)之间一切传力连接装置的总称。现代汽车的悬架虽有不同的结构形式,但一般都由_____、_____、_____等组成,轿车一般还有_____等。悬架的组成如图 4-18 所示。

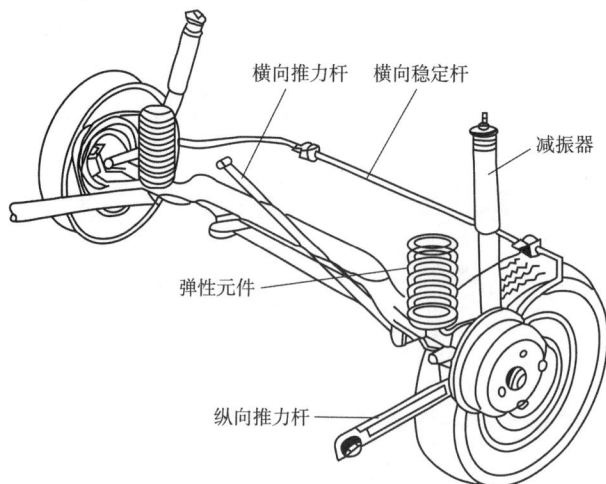

图 4-18　悬架的组成

2.悬架系统的作用

(1)弹性地连接车桥和车架(或车身),缓和行驶中车辆受到的冲击。

(2)衰减由于弹性系统引进的振动,使汽车行驶中保持稳定的姿势,改善操纵稳定性。

(3)承担着传递垂直反力、纵向反力(牵引力和制动力)和侧向反力以及这些力所造成的力矩,以保证汽车行驶平顺。

(4)当车轮相对车架跳动时,特别在转向时,车轮运动轨迹要符合一定的要求,因此悬架还有使车轮按一定轨迹相对车身跳动的导向作用。

3.悬架系统的类型

(1)_____。

悬架类型

独立悬架是每一侧的车轮都是单独地通过弹性悬架悬挂在车架或车身下面的如图 4-19 所示。

独立式悬架具有以下优点:①质量小,减少了车身受到的冲击,并提高了车轮的地面附着力;②可用刚度小的较软弹簧,改善汽车的舒适性;③可以使发动机位置降低,汽车重心也得到降低,从而提高汽车的行驶稳定性;④左右车轮单独跳动,互不相干,能减小车身

图 4-19 独立式悬架

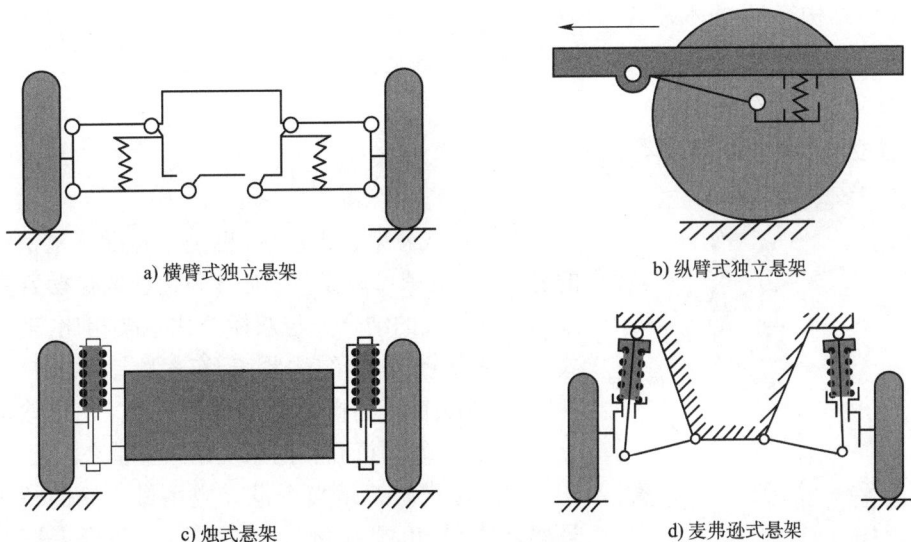

的倾斜和振动。不过,独立悬架存在着结构复杂、成本高、维修不便的缺点。现代轿车大都是采用独立悬架,按其结构形式的不同,独立悬架又可分为_____、_____、_____、_____,如图 4-20 所示,以及多连杆式悬架等。

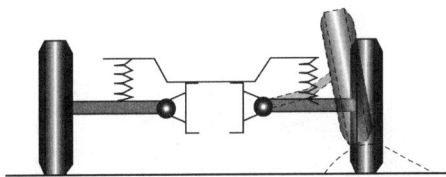

a) 横臂式独立悬架

b) 纵臂式独立悬架

c) 烛式悬架

d) 麦弗逊式悬架

图 4-20 独立式悬架的类型示意图

车轮各自通过悬架与车架连接，单独跳动，既可以减少车身振动，消除车轮偏摆；也可以降低汽车重心，提高行驶稳定性。因此，独立悬架广泛应用于轿车前悬架。其结构特点如下。

①结构较复杂，成本较高。

②允许前轮有大的跳动空间，有利于转向，便于选择软的弹簧元件使平顺性得到改善。

③非簧载质量小，可提高汽车车轮的附着性。

（2）_____。

非独立悬架的结构特点是两侧车轮由一根整体式车架相连、车轮连同车桥一起通过弹性悬架悬挂在车架或车身的下方，如图 4-21 所示。

非独立悬架具有结构简单、成本低、强度高、保养容易、行车中前轮定位变化小的优点，但其舒适性及操纵稳定性都较低。两侧车轮刚性地连接在一起，广泛应用于货车、客车和轿车，钢板式非独立悬架如图 4-22 所示。

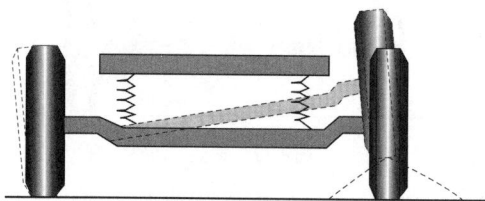

图 4-21　非独立式悬架

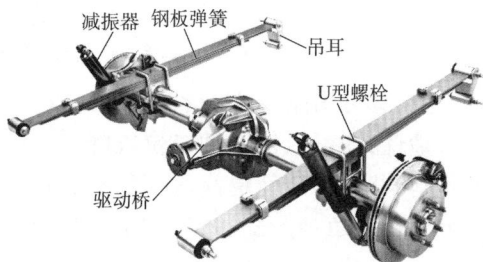

图 4-22　钢板式非独立悬架

现代轿车中基本上已不再使用非独立悬架，多用在货车和大型客车上，其结构特点如下。

（1）结构简单，成本较低。

（2）质量较大，高速行驶时悬架受到冲击载荷比较大，平顺性较差。

4.独立悬架的类型

独立悬架可分以下 3 类：_____、_____、_____。

（1）麦弗逊式悬架。

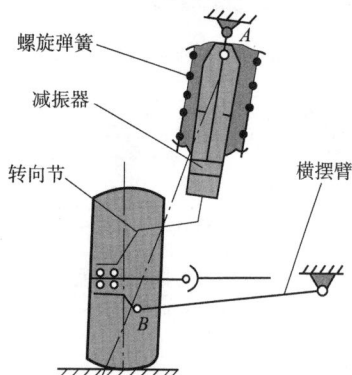

图 4-23　麦弗逊式悬架

麦弗逊式悬架（图 4-23）也是车轮沿着主销滑动的悬架，其主销可以摆动，麦弗逊式悬架是摆臂式悬架与烛式悬架的结合。与双横臂式悬架相比，麦弗逊式悬架的优点具有：结构紧凑、车轮跳动时前轮定位参数变化小、良好的操纵稳定性的优点。由于取消了上横臂，其给发动机和转向系统的布置带来方便。

麦弗逊式悬架是当今世界应用最广泛的轿车前悬架之一，其由螺旋弹簧、减振器、三角形下摆臂组成，绝大部分车型还会加上横向稳定杆。减振器可以避免螺旋弹簧受力时向前、后、左、右偏移的现象，限制弹簧只能作上、下方向的振动,并且可以通过对减振器的行程、阻尼以及搭配不同硬度的螺旋弹簧的方式对悬架性能进行调校。

(2)双横臂式独立悬架。

不等长双横臂式悬架如图4-24所示,其上、下两摆臂不等长,选择合适的长度比例即可使车轮和主销的角度及轮距变化较小。这种独立悬架被广泛应用在轿车前轮上。双横臂的臂一般为A形或V形。V形臂的上下2个V形摆臂以一定的距离分别安装在车轮上,另一端安装在车架上。

不等长双横臂的上臂比下臂短。当车轮上下运动时,上臂比下臂运动弧度小,这将使轮胎上部轻微地内外移动,而底部影响很小。这种结构有利于减少轮胎磨损,提高汽车行驶平顺性和方向稳定性。

双横臂悬架拥有上下两个摇臂,横向力由两个摇臂同时吸收,支柱只承载车身质量,因此其横向刚度大。由于使用不等长摇臂(上长、下短),车轮上下运动时能自动改变外倾角并且减小轮距变化、减小轮胎磨损,并且也能自适应路面,轮胎接地面积大、贴地性好。

(3)多连杆独立悬架。

多连杆独立悬架(图4-25)是由3~5根杆件组合后来控制车轮位置变化的悬架。多连杆独立悬架能使车轮绕着与汽车纵轴线成一定角度的轴线摆动,是横臂式悬架和纵臂式悬架的折中方案。适当地选择摆臂轴线与汽车纵轴线所成的夹角,可不同程度地获得横臂式与纵臂式悬架的优点,从满足不同的使用性能要求。

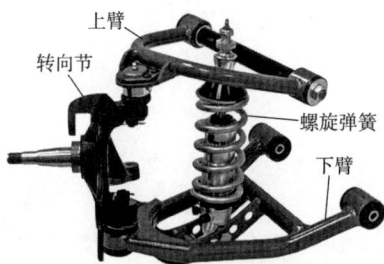

图4-24　双横臂式独立悬架

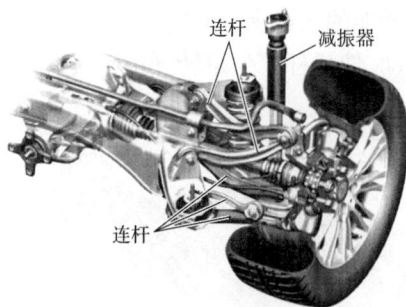

图4-25　多连杆独立悬架

多连杆独立悬架的主要优点是车轮跳动时,轮距和前束的变化很小,汽车在驱动、制动状态下都可以按驾驶人的意图进行平稳转向。其不足之处是汽车高速行驶时会出现轴摆动现象。

通过各种连杆配置(通常有三连杆、四连杆、五连杆),多连杆独立悬架能实现双叉臂悬架的所有性能,然后在双叉臂的基础上通过连杆连接轴的约束作用使得轮胎在上下运动时前束也能相应改变,这意味着弯道适应性得以提升。前驱车的前悬架可以在一定程度上缓解转向不足,给人精确转向的感觉;如果将其用在后悬架上,能在转向侧倾的作用下改变后轮的前束,这就意味着后轮可以在一定程度上随前轮一同转向,达到舒适操控目的。

5. 弹性元件

弹性元件是用来起缓冲作用的部件,它可以支撑垂直载荷、缓和和抑制不平路面引起的振动和冲击。弹性元件主要有_____、_____、_____、_____。

(1)钢板弹簧。钢板弹簧广泛应用于汽车的非独立悬架中,钢板弹簧安装位置如图 4-26 所示。钢板弹簧由若干片长度不等的合金弹簧钢片叠加而成,构成一根近似等强度的弹性梁,其中最长的一片称为主片,其两端卷成卷耳,内装衬套,以便用弹簧销与固定在车架上的支架或吊耳作铰链连接。钢板弹簧除了起弹性元件的功用,还起减振器和导向机构的功用。

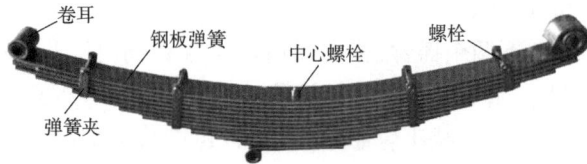

图 4-26　钢板弹簧

(2)螺旋弹簧。螺旋弹簧广泛应用于独立悬架,有些轿车的后轮非独立悬架也采用螺旋弹簧做弹性元件,如图 4-27 所示。由于螺旋弹簧只能承受垂直载荷,且变形时不产生摩擦力,悬架中必须装有减振器和导向机构。

(3)扭杆弹簧。扭杆弹簧是由弹簧钢制成的杆件。扭杆的断面通常为圆形,少数为矩形或管形,其两端制成花键、方形、六角形等形状,以便一端固定在车架上,另一端固定在悬架的摆臂上,如图 4-28 所示。摆臂与车轮相连,当车轮跳动时,摆臂绕扭杆轴线摆动,使扭杆产生扭转弹性变形,以保证车轮与车架的弹性联系。

图 4-27　螺旋弹簧

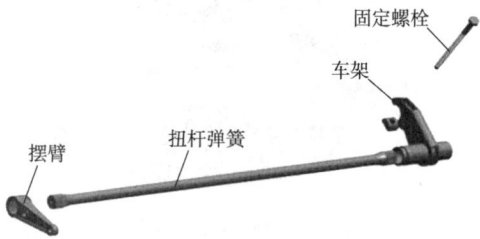

图 4-28　扭杆弹簧

(4)气体弹簧。气体弹簧分为空气弹簧和油气弹簧两种,油气弹簧具有变刚度的特性。空气弹簧又有囊式和膜式两种形式,空气弹簧的实物与安装位置如图 4-29 所示。

6. 减振器

目前汽车上应用最广泛的是双向作用筒式减振器,而在部分轿车上有的采用充气式减振器。

1)双向作用筒式减振器的结构

双向作用筒式减振器的实物和结构如图 4-30 所示。它有 3 个同心缸筒,外面的缸筒是防尘罩,其上部的吊耳与_____相连;中间是储油缸筒,内装有一定量的油液,其下端的吊耳与_____相连;里面是工作缸筒,其内装满油液。它还有 4 个阀,即_____、_____、_____和_____。流通阀和补偿阀是一般的单向阀,其弹簧很弱,当阀上的油压作用力与弹簧弹力同向时,阀处于关闭状态,完全不通油液;而当油压作用力与弹簧弹力反向时,只要很小的油压,阀便能开启。压缩阀和伸张阀是卸载阀,其弹簧刚度较大,预紧力较大,只有当油压增高到一定程度时,阀才能开启;而当油压降低到一定程度时,阀自行关闭。

图 4-29　气体弹簧

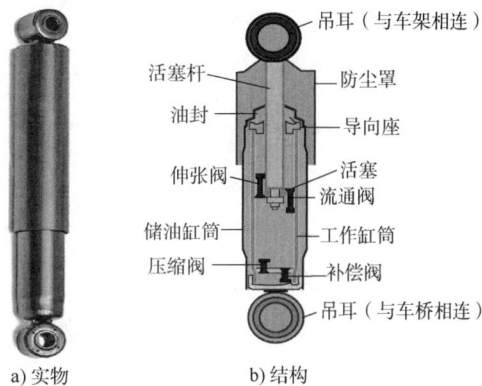

a) 实物　　　　b) 结构

图 4-30　双向作用筒式减振器的实物和结构

2) 双向作用筒式减振器的工作原理

双向作用筒式减振器的工作原理可用压缩和伸张两个行程加以说明。

(1) 压缩行程。当车桥移近车架(或车身)时,减振器受压缩,活塞下移,其下方腔室容积减小,油压升高。具有一定压力的油液顶开流通阀,进入活塞上方腔室。活塞杆占去上腔室的部分容积,使上腔室增加的容积小于下腔室减小的容积,因此还有一部分油液不能进入上腔室而只能压开压缩阀,流回储油缸筒。油液流经上述阀孔时,受到一定的节流阻力,为克服这种阻力而消耗了振动能量,使振动衰减。

(2) 伸张行程。当车桥远离车架(或车身)时,减振器受拉伸,活塞上移,使其上腔室油压升高。上腔室的油液便推开伸张阀流入下腔室。同样由于活塞杆的存在,上腔室减小的容积小于下腔室增加的容积,因而从上腔室流出来的油液不足以充满下腔室增加的容积,使下腔室产生一定的真空度,这时储油缸筒中的油液在真空度作用下推开补偿阀,流进下腔室进行补充。从上面的原理可知,这种减振器在压缩、伸张两个行程都能起减振作用,因此被称为双向作用减振器。

7. 横向稳定杆

横向稳定杆的安装位置如图 4-31 所示,其工作原理如图 4-32 所示。横向稳定杆是利用扭杆弹簧原理,将左、右车轮通过横向稳定杆连接。在车身倾斜时,稳定杆两边的纵向部分向不同方向偏转,于是横向稳定杆便被扭转。弹性的稳定杆产生扭转内力矩阻碍了悬架螺旋弹簧的变形,从而减少车身的横向倾斜。当汽车行驶在宽阔平坦、车流和人流较少的路况下,可以通过高速行驶以提高运输生产效率。但汽车行驶过程中也会遇到复杂多变的路面状况,如进入弯道、遇到不平的道路、两车交会、突遇障碍物,为了保证行驶安全,就要求汽车在尽可能短的距离内降低车速,甚至停车。为了提高汽车安全行驶的性能,汽车设置了制动。

图 4-31　横向稳定杆的安装位置

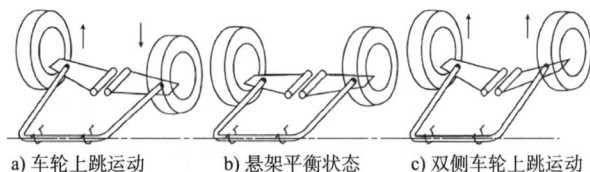

图 4-32　横向稳定杆的工作原理

a) 车轮上跳运动　　b) 悬架平衡状态　　c) 双侧车轮上跳运动

8. 悬架系统常见故障及原因

悬架系统常见故障包括汽车行驶跑偏、汽车行驶噪声、转弯时车身倾斜、汽车摆振。

(1) 汽车行驶跑偏。

现象:驾驶人驾驶车辆直线行驶时,车辆偏离正常行驶方向。

导致这种现象的原因主要有:

前车轮两侧轮胎气压不等;前制动器分离不彻底;前弹簧或衬套失效;前轮定位不准;减振器失效;悬架各橡胶金属衬套和球接头磨损过大;车身底部、车架或摆臂变形;后悬架弹簧损坏或变软;悬架臂变形;后桥移位或梁变形;金属橡胶衬套损坏。

(2) 汽车行驶噪声。

现象:汽车行驶过程中,出现异常的异响。

导致这种现象的原因主要有:

减振器松动或损坏;悬架系统各金属衬套磨损严重或松动;弹簧折断;前轮不平衡;前轮轴承松动;后桥超载;后轮毂轴承损坏。

(3) 转弯时车身倾斜。

现象:在汽车转弯时车身过度倾斜。

导致这种现象的原因主要有:

横向稳定杆松动;弹簧弹力过软或支撑座变形;减振器损坏;主销后倾角过大。

(4) 汽车摆振。

现象:转向盘沿其转动方向出现振动。

导致这种现象的原因主要有:

轮胎气压低或各胎气压不等;前轮定位不准;稳定杆失效;车轮不平衡;轮毂轴承松动;转向器调整不当或机件磨损过大。

（二）制定工作方案

1.任务分工（表4-7）

学生任务分配表

表4-7

班级		组号		指导老师	
组长		任务分工			
组员1		任务分工			
组员2		任务分工			
组员3		任务分工			
组员4		任务分工			
组员5		任务分工			
组员6		任务分工			

2.工量具、仪器设备与耗材准备

（1）使用的工量具有：_____。

（2）使用的仪器设备有：_____。

（3）使用的耗材有：_____。

3.具体方案描述

_____

_____

_____

_____

⚙ 三、计划实施

（一）安全注意事项及技能要点

1.安全注意事项

（1）举升车辆时要保证垫块与车辆承重梁正对，并时刻注意观察车辆及举升机四周是否有人。

（2）进入举升机时务必戴好安全头盔及做好其他保护措施。

（3）在车下作业时应小心，以防车子晃动或者倾斜。

2.技能要点

（1）能正确使用维修工具；

（2）根据汽车维修操作要求,能熟练、规范地完成悬架系统的故障诊断与排除。

（二）悬架系统故障诊断与排除

悬架系统故障诊断与排除操作方法及说明见表4-8。

悬架系统故障诊断与排除操作方法及说明　　　　　表4-8

步骤	操作方法及说明	质量标准及记录
1. 前期准备	（1）车辆信息填写； （2）安装防护三件套(座椅套、转向盘套、脚垫)； （3）安装翼子板布和前格栅布 	□正确安装 □按"8S"要求整理
2. 安全检查	（1）安装车轮挡块； （2）插入尾气排放管； （3）检查驻车制动器和挡位； （4）检查机油液位、冷却液液位、制动液液位、蓄电池电压 	□正确安装 □正确使用数字万用表 □按"8S"要求整理
3. 仪器连接	正确使用工具、量具(四轮定位仪) 	□正确连接 □按"8S"要求整理
4. 故障现象确认	（1）通过四轮定位检查,得出右前轮前束值变大,转动转向盘有异响； （2）进行上路行驶测试,行驶向右跑偏现象	□正确观察 □按"8S"要求整理

步骤	操作方法及说明	质量标准及记录
5. 确定故障范围	出现右前轮前束值变大、转动转向盘有异响的现象,故障区一般在悬架、转向、轮胎部位 	□正确使用工具 □正确记录 □按"8S"要求整理
6. 悬架系统故障诊断与排除	(1)检查轮胎外观,无异常磨损,左右轮胎花纹和规格均符合要求,可排除此因素; (2)将汽车停置在举升架上,检查转向盘自由间隙,基本符合要求; (3)左右转动转向盘,也符合要求; (4)再检查横拉杆球头销,不松旷,也无卡滞,但却发现前悬架固定螺栓有一个松脱,仔细观察前悬架臂梁已产生裂纹; (5)更换前悬架臂梁,并固定好自锁螺栓,故障排除。 悬架臂梁裂纹是由于自锁螺栓脱落造成的,可能是由原拆装时未及时更换而导致,按厂家规定自锁螺栓一经拆卸,必须更换	□正确使用故障诊断仪 □按"8S"要求整理
7. 维修结果确认	修复后试车,再次检查故障现象是否恢复	□按"8S"要求整理
8. 现场恢复	(1)将工具恢复到位; (2)恢复车辆; (3)打扫干净地面卫生	□正确安装 □按"8S"要求整理

四、评价反馈(表4-9)

评价表

表4-9

评分项目	评分标准	分值(分)	得分(分)
学习目标	能明确本任务的知识、技能、素养目标,理解任务在工作中的重要程度	5	
工作任务分析	能清晰描述完成本次工作任务内容	2	
	能清晰描述完成本次工作任务需必备的技能与知识点	2	
有效信息获取	能描悬架系统安装位置	5	
	能描述悬架系统常见的故障现象及原因	5	
	能查阅维修手册,并根据手册清楚获取悬架系统的类型及安装方式	6	
	能根据故障现象及原因进行相应零部件的检修	5	
实施方案制订	能清晰地制订并填写本次悬架系统异常故障诊断与排除的准备作业计划	5	
	能组织或协同工作小组成员,明确本次任务所需仪器设备、工具、材料的准备与清点,并准备记录	5	
	能组织或协同工作小组成员交流,优化检查方案并记录	5	
任务实施	能根据路试法正确描述故障现象	5	
	通过故障现象确定故障位置,分析故障原因	5	
	通过查阅维修手册,结合分析结果,制订完善的检修方案	7	
	能进行悬架系统的拆装	5	
	能进行悬架系统的分解	5	
	能拆卸、测量、装调悬架系统	5	
	能利用检测工具找出故障原因,并作出正确的维修决策	7	
任务评价	能通过本次任务实施,结合自己在实训过程中的表现,进行自我评价及自我反思并记录	3	
职业素养	按规定时间完成项目作业	2	
	遵守实训室管理规定、劳动纪律	2	
	积极参与课堂活动并回答问题	2	
	能够按时出勤	2	
思政要求	能独立实施"8S"、融入团队协作、提升职业素养	5	
合计		100	

续上表

改进建议：
教师签字： 日期：

任务习题 »»»

一、单项选择题

1. (　　)作用是将转向器输出的动力和运动传给直拉杆使转向轮偏转。
   A. 转向摇臂　　　　　　　　B. 转向直拉杆
   C. 转向横拉杆　　　　　　　D. 转向节臂

2. 日常出行检查时应该对转向助力系统(　　),进行检查。
   A. 液位检查　　　　　　　　B. 泄露测试
   C. 助力测试　　　　　　　　D. 液位报警

3. 电子液压式助力转向系统转向油泵(　　)。
   A. 由电动机直接驱动　　　　B. 需要消耗发动机功率
   C. 电动机由发电机驱动　　　D. 转向油泵转速高低由电动机转速决定

4. 低速转向时,希望(　　)。
   A. 转向助力大,使驾驶人操纵轻便
   B. 转向助力大,确保转向安全
   C. 转向助力小,确保转向安全
   D. 转向助力小,使驾驶人操纵轻便

5. 采用非独立悬架的汽车,其车桥一般是(　　)
   A. 断开式　　　　　　　　　B. 整体式
   C. A、B 均可　　　　　　　　D. 与 A、B 无关

6. 车轮前束是为了调整(　　)所带来的不良后果而设置的。
   A. 主销后倾角　　　　　　　B. 主销内倾角
   C. 车轮外倾角　　　　　　　D. 车轮内倾角

7. (　　)具有保证车辆自动回下的作用。
   A. 主销后倾角　　　　　　　B. 主销内倾角
   C. 车轮外倾角　　　　　　　D. 前轮前束

8.在汽车行驶时,桥壳承受由(　　　)传来的路面反作用力。

　A.车架　　　　　　　　　　B.车身

　C.车轮　　　　　　　　　　D.离合器

二、判断题

1.轮胎气压过高,一定是胎肩磨损大。　　　　　　　　　　　　　(　　)

2.汽车轮胎做动平衡时候,必须做到平衡量为零才可以。　　　　　(　　)

3.液压式转向系统属于动力转向系统的一种。　　　　　　　　　　(　　)

4.动力转向系主要是出于减轻驾驶人的疲劳强度,改善转向系的技术性能。

　　　　　　　　　　　　　　　　　　　　　　　　　　　　　(　　)

5.电子液压式动力转向系的电控系统包括车速传感器、电磁阀、转向 ECU 等。

　　　　　　　　　　　　　　　　　　　　　　　　　　　　　(　　)

6.车轮外倾角具有保证车辆自动回下的作用。　　　　　　　　　　(　　)

7.采用非独立悬架的汽车,其车桥一般是整体式。　　　　　　　　(　　)

8.在汽车行驶时,桥壳承受由车架传来的路面反作用力。　　　　　(　　)

9.越野汽车的前桥属于驱动桥。　　　　　　　　　　　　　　　　(　　)

三、实操练习题

1.完成轮胎常规磨损的检查。

2.完成液压转向器常规项目检查。

3.完成减振器工作状况检查。

学习任务五

汽车自动变速器不升挡故障诊断与排除

学习目标 》》》

1. 知识目标

（1）能描述行星齿轮组的功用、类型、结构、组成和工作原理。

（2）能描述差速器的功用、类型、结构、组成和工作原理。

（3）能描述主减速器的功用、类型、结构、组成和工作原理。

（4）能描述自动变速器控制模块的电路结构。

（5）能描述自动变速器输入信号及各传感器线路特征。

（6）能描述自动变速器输出信号及各执行元件线路特征。

2. 技能目标

（1）能确认故障位置。

（2）能根据异响位置和异响特征进行分析和判断，并找到故障点。

（3）能对自动变速器总成进行拆装，并对自动变速器进行分解和安装。

（4）能对齿轮机构进行检修。

（5）能对自动变速器控制模块线路进行诊断和检修。

（6）能对自动变速器传感器和执行器进行诊断和检修。

3. 素养目标

（1）培养严谨的工作态度，规范实训"8S"管理，养成良好的职业行为习惯。

（2）规范操作，主动钻研，养成精益求精的工匠精神。

（3）通过学习，具备本专业高素质技术工作者所必需的完工检验，同时培养专业兴趣并增强团结协作的能力。

（4）促进职业素养的形成，为培养高素质汽车售后服务专门人才奠定良好的基础。

（5）培养自主学习、崇尚劳动，形成有耐心、够细心、爱岗敬业的劳模精神。

参考学时 》》》

48 学时。

任务描述 »»

一辆配置自动变速器的汽车进厂报修,客户反映一周前发现车辆加速不良,且仪表板上出现黄色灯(故障灯)常亮现象。经前台接车后,技术主管试车,确认车辆存在自动变速器不升挡故障,需对其进行大修。

学习活动 1　自动变速器齿轮机构故障诊断与排除

一、明确任务

根据任务描述,自动变速器出现不升挡故障,需要对自动变速器行星齿轮组各部件进行检查与更换,使其恢复正常使用性能。

二、工作准备与计划制订

(一)知识准备

齿轮机构是汽车传动中使用最广泛的传动形式,可以简单高效地实现变速器各个挡位动力的传递。在自动变速器中,_____、_____和_____中都使用了齿轮传动机构。

1. 行星齿轮组

1)行星齿轮组的作用和组成

一个或一个以上齿轮除绕自身轴线自传外,还绕另一齿轮的固定轴线回转的齿轮传动方式称为行星齿轮传动。在自动变速器(AT)中,行星齿轮组是传递动力和变换挡位的机构。

简单行星齿轮组主要由三大部件构成:_____、_____(安装有行星小齿轮)、_____,太阳轮通常位于行星齿轮组的中心,如图5-1所示。

太阳轮与行星小齿轮啮合,行星架可由铸铁、铝或钢板制成,每个行星小齿轮都装配在各自的_____上旋转,行星齿轮轴位于行星架和行星小齿轮之间。行星架和小齿轮构成了一个单元:_____。

行星小齿轮围绕太阳轮的中心轴旋转并且由齿圈包围,齿圈就像一个将整个齿轮组固定在一起的带子,并为其提供最大的强度,如图5-2所示。

2)齿轮传动比

(1)定轴齿轮传动比。

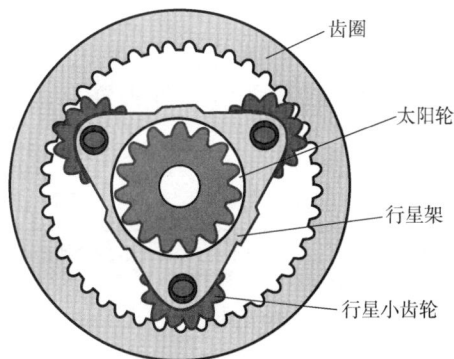

图 5-1　行星齿轮的组成

图 5-2　行星齿轮组

$$i = \frac{N_1}{N_2} = \pm \left(\frac{Z_2}{Z_1}\right) \tag{5-1}$$

式中：i——传动比；

N_1——主动齿轮的转速；

N_2——从动齿的转速；

Z_1——主动齿的齿数；

Z_2——从动齿的齿数；

$\pm$——内啮合取"$+$"，外啮合取"$-$"。

（2）行星齿轮组传动比。

简单行星齿轮组中的太阳轮转速、行星架转速、内齿圈转速之间的关系，以单排单极为例，可以用如下公式。

$$\frac{(N_1 - N_3)}{(N_2 - N_3)} = -a \tag{5-2}$$

式中：$a = \frac{Z_2}{Z_1}$；

N_1——太阳轮转速；

N_2——内齿圈转速；

N_3——行星架转速；

Z_1——太阳轮次数；

Z_2——内齿圈齿数。

注：以上等式在太阳轮、内齿圈、行星架三个元件之间转速互不相等时成立。

3）行星齿轮的工作原理

行星齿轮组的每个部件都可以转动或保持静止。只有当其中一个部件保持静止或两个部件锁定在一起时，才能通过行星齿轮组输出动力。

三个部件中的任意一个部件都可以用作驱动或输入部件，另一个部件保持固定不动，第三个部件成为从动或输出部件。根据哪个部件是驱动件、哪个部件是固定件、哪个部件是从动件，行星齿轮组会实现转矩增加（减速）或速度增加（超速）的功能，也可以通过不同的组合来改变输出方向。

表5-1总结了简单行星齿轮组的基本规律,它显示了各种可用组合下的转速、转矩和方向合成。同样,当一对外啮合齿轮啮合时,输出端的旋转方向会发生改变。当一对外啮合齿与内啮合齿啮合时,两个齿轮的旋转方向相同。

简单行星齿轮的基本定律

表 5-1

挡位	太阳轮	齿圈	行星架	方向	传动比
减速1	固定	输入	输出	与输入同向	$1+\dfrac{1}{a}$
减速2	输入	固定	输出	与输入同向	$1+a$
超速1	输入	固定	输出	与输入同向	$\dfrac{a}{(1+a)}$
超速2	输出	固定	输出	与输入同向	$\dfrac{-1}{(1+a)}$
倒挡1	输入	输出	固定	与输入反向	$-a$
倒挡2	输出	输入	固定	与输入反向	$\dfrac{-1}{a}$
直接传动1	输入(与内齿圈刚性连接)	输入(与太阳轮刚性连接)	输出	与输入同向	1
直接传动2	输入(与行星架刚性连接)	输出	输入(与太阳轮刚性连接)	与输入同向	1
直接传动3	输出	输入(与行星架刚性连接)	输入(与内齿圈刚性连接)	与输入同向	1

行星齿轮组的传动比取决于从动齿轮和主动齿轮上的齿数,尽管如此,由于行星齿轮机构主要有三个部件,所以需要以不同的方法计算传动比。例如,行星齿轮组上的太阳轮有18个齿,齿圈有42个齿。行星小齿轮上的齿数与太阳轮和齿圈上的齿数之和相等,为60。如果固定齿圈,太阳轮是输入部件,那么行星架就是输出部件。太阳轮(输入齿轮)顺时针旋转,太阳轮带动行星齿轮在它们的轴上逆时针旋转。太阳轮(输入)旋转数次后带动行星架(输出)旋转一圈,从而使行星齿轮组成为减速机构(输出转速低于输入转速)。传动比可以通过将18和42相加然后除以18得到,齿轮比为3.33。

(1)最大超速挡。固定齿圈后,行星架(输入)顺时针旋转,三个行星小齿轮围绕行星齿轮轴转动,从而驱动太阳齿轮(输出)顺时针旋转。在这种组合中,行星架旋转不到一圈,并以大于输入速度的速度驱动较小的太阳齿轮。随着最大速度增加,产生的结果是超速驱动。这时传动比为0.3(18/60)。

(2)慢速超速挡。在这种组合中,固定太阳轮,行星架顺时针旋转(输入),行星小齿轮围绕着固定的太阳轮旋转。这会使齿圈(输出)快速旋转。行星架转动不到一圈,而小齿轮在与行星架相同的方向上驱动齿圈旋转一整圈,这就是缓慢的超速传动。这种传动产生更可用的超速传动比0.7(42/60)。

(3)直接驱动。在直接驱动组合中,齿圈和太阳轮都是输入部件,它们以相同的速度顺时针转动。顺时针转动的齿圈的内齿也尝试顺时针驱动行星小齿轮,但顺时针旋转的太阳轮试图逆时针驱动行星小齿轮逆时针旋转。

(4)中和运行。当没有部件被固定时,会产生中和状态,各部件自由空转。

4)复合行星齿轮组

由两组或两组以上的_____通过共用某些元件而形成新的行星齿轮组合为复合行星齿轮组。常见的机种复合行星齿轮组如下。

(1)辛普森式行星齿轮组。

两组行星齿轮组的太阳轮共用。

(2)拉维纳式行星齿轮组。

两排行星齿轮组共用一个齿圈和一个行星架。行星架上的长行星齿轮与前排行星齿轮机构的大太阳轮啮合,同时与后排行星齿轮机构的短行星齿轮相啮合。短行星齿轮还与小太阳轮啮合。

(3)串联行星齿轮组。

一些自动变速器使用两套串联的简单行星齿轮组,而不使用复合齿轮组。在这类装置中,没有共享齿轮组部件,而是使用保持装置将行星齿轮单元的不同部件固定在一起。

(4)列柏勒梯尔式行星齿轮系统。

一些新型六速、七速、八速和九速变速器使用列柏勒梯尔式行星齿轮系统。列柏勒梯尔式行星齿轮系统将一个简单行星齿轮组连接到拉维娜式行星齿轮机。

2.行星齿轮组常见故障及原因

自动变速器的齿轮机构在长期的使用过程中,由于使用不当或者保养不当,都会对齿轮机构的摩擦面,如两个齿轮之间、衬套、花键等处造成损坏,主要的损坏现象及原因如下。

(1)齿面点蚀。

现象:两个齿轮接触面产生烧蚀点,在齿轮旋转工作是发出"嗡嗡……"的异响声音,并且随齿轮转速越快,声音越大。

导致这种现象的原因主要有:

保养不当,一般都是不按规定定期更换自动变速器油,或者使用的自动变速器油不达标等。即润滑不良、润滑油有杂质或润滑油道堵塞等。

(2)齿轮折断。

现象:两个齿轮啮合齿折断,一般会出现动力无法传递,无动力输出等现象,或者齿轮工作时出现"打齿"的声音。

导致这种现象的原因主要有：

①驾驶不当；

②齿轮本身存在质量问题；

③安装时专配间隙调整不当。

（3）太阳轮、行星架、齿圈花键磨损或脱落。

现象：驱动打滑，并伴随刺耳的金属摩擦声音，无驱动输出。

导致这种现象的原因主要有：

①驾驶不当；

②齿轮本身存在质量问题；

③安装时专配间隙调整不当。

（4）齿面过度磨损。

现象：出现异响，齿轮工作瞬间出现撞击现象，或者起步时冲击声音大、换挡时冲击声音大。

导致这种现象的原因主要有：

①润滑不良，可能是润滑油保养不当（比如长时间未更换）或润滑油使用不当（如使用了劣质的润滑油等）；

②润滑油道有堵塞等；

③两齿轮间隙调整不当；

④齿轮本身存在质量问题。

（5）衬套磨损。

现象：衬套磨损一般会伴随明显"呜呜……"的摩擦声音，并且随速度越快，声音越大。

导致这种现象的原因主要有：

①润滑不良，可能是润滑油保养不当（比如长时间未更换）或润滑油使用不当（使用了劣质的润滑油等）；

②润滑油道有堵塞等；

③或者衬套间隙调整不当（过小或过大）；

④衬套本身存在质量问题。

（二）制订工作方案

1.任务分工（表5-2）

学生任务分配表   表5-2

班级		组号		指导老师	
组长		任务分工			
组员1		任务分工			
组员2		任务分工			

班级		组号		指导老师	
组员 3		任务分工			
组员 4		任务分工			
组员 5		任务分工			
组员 6		任务分工			

2. 工量具、仪器设备与耗材准备

(1)使用的工量具有：_____。

(2)使用的仪器设备有：_____。

(3)使用的耗材有：_____。

3. 具体方案描述

_____

_____

_____

_____

_____

三、计划实施

(一)安全注意事项及技能要点

1. 安全注意事项

(1)作业前穿戴和工作服、手套、安全鞋、安全帽等防护劳保用品。

(2)举升车轮时,检查车辆举升点是否接触牢固,检查并排除设备周围及车辆上的人和障碍物,确认安全锁止装置工作可靠。

(3)正确、规范地使用工具和设备。

(4)确保工作地面无水、油等。

(5)拆下的零件、螺丝按顺序摆放。

2. 技能要点

(1)拆卸下来的零件按照顺序摆放或用轧带把分总成串在一起,以免安装时出错而导致产生新的故障。

(2)在拆卸和安装自动变速器时避免有灰尘的污染,特别是安装时要用纤维无尘布清洁,以免有杂质以及除尘布上的纤维遗留的变速器内部。

(3)在安装自动变速器时,除清洁外,每个零件都需要进行彻底润滑后再安装。特别是一些密封圈、橡胶件,都需要浸泡在自动变速器油后再安装。

（4）确保不会损坏密封圈和橡胶件等密封件，各零部件之间装配顺序不能出错。

（二）自动变速器齿轮机构故障诊断与排除

自动变速器齿轮机构的操作方法及说明（表5-3）

自动变速器齿轮机构故障诊断与排除操作方法及说明 　　　　表5-3

步骤	操作方法及说明	质量标准及记录
1. 前期准备	（1）车辆信息填写； （2）安装防护三件套（座椅套、转向盘套、脚垫）； （3）安装翼子板布和前格栅布 	□正确安装 □按"8S"要求整理

续上表

步骤	操作方法及说明	质量标准及记录
2. 安全检查	(1) 安装车轮挡块； (2) 插入尾气排放管； (3) 检查驻车制动器和挡位； (4) 检查机油液位、冷却液液位、制动液液位、蓄电池电压 	□正确安装 □正确使用数字万用表 □按"8S"要求整理

步骤	操作方法及说明	质量标准及记录
2. 安全检查		
3. 仪器连接	(1)点火开关关闭,正确连接汽车故障诊断仪; (2)正确连接和使用异响听诊器 	□正确连接 □按"8S"要求整理
4. 故障现象确认	(1)起动发动机,用听诊器听变速器内部是否有"嗡嗡……"声或者其他异响声音; (2)挡位挂入 R 挡位置,缓慢加油,用听诊器听变速器内部是否有"嗡嗡……"声或者其他异响声音,并且声音是否随车轮转速增加而变大; (3)挡位挂入 D 挡位置,缓慢加油,让变速器在所有前进挡位上工作,用听诊器听变速器内部是否有"嗡嗡……"声或者其他异响声音,并且声音是否随车轮转速增加而变大	□正确观察 □按"8S"要求整理
5. 确定故障范围	如果出现上述其中之一的异响,说明行星齿轮组有故障	□正确记录 □按"8S"要求整理
6. 自动变速器齿轮机构故障诊断与排除	(1)按照维修手册标准,拆下自动变速器总成; (2)按照维修手册标准,分解自动变速器总成(注意:分解时对自动变速器各部件进行装配位置标记,以免回装时装错); (3)按照维修手册标准分解行星齿轮组(注意:分解时对行星齿轮组各部件进行装配位置标记,以免回装时装错);	□正确检查安装状态

续上表

步骤	操作方法及说明	质量标准及记录
6. 自动变速器齿轮机构故障诊断与排除	 (4)清洁行星齿轮组各齿轮、铜套、垫片、轴承等,检查各部位是否有磨损、损坏、烧蚀等现象; (5)更换有故障的部件; (6)按照维修手册标准组装自动变速器,并安装到车上	
7. 维修结果确认	(1)起动发动机,用听诊器听变速器内部异响是否消除; (2)挡位挂入 R 挡位置,缓慢加油,用听诊器听变速器内部异响是否消除; (3)挡位挂入 D 挡位置,缓慢加油,让变速器在所有前进挡位上工作,用听诊器听变速器内部异响是否消除	□ 正确使用故障诊断仪 □ 按"8S"要求整理
8. 现场恢复	(1)恢复车辆; (2)恢复仪器设备; (3)清洁地面卫生	□ 按"8S"要求整理

四、评价反馈(表 5-4)

评价表 　　　　　　　　　　　　　　　　　　　　　 表 5-4

评分项目	评分标准	分值(分)	得分(分)
学习目标	能明确本任务的知识、技能、素养目标,理解任务在工作中的重要程度	5	
工作任务分析	能清晰描述完成本次工作任务内容	2	
	能清晰描述完成本次工作任务需必备的技能与知识点	2	
有效信息获取	能描述自动变速器齿轮机构组成及分类	5	
	能描述自动变速器齿轮机构常见的异响现象及原因	5	
	能够根据故障现象分析故障可能原因	6	
	能够对自动变速器进行检修分解并对齿轮机构进行检修	5	

评分项目	评分标准	分值(分)	得分(分)
实施方案制订	能清晰地制订并填写本次自动变速器齿轮机构异响故障诊断与排除的准备作业计划	5	
	能组织或协同工作小组成员,明确本次任务所需仪器设备、工具、材料的准备与清点,并准备记录	5	
	能组织或协同工作小组成员交流,优化检查方案并记录	5	
任务实施	能根据路试法确认故障现象	5	
	通过故障现象确定故障位置,分析故障原因	5	
	通过查阅维修手册,结合分析结果,制订完善的检修方案	7	
	能进行变速器总成的拆装	5	
	能进行自动变速器的分解	5	
	能对自动变速器齿轮机构进行检查判断	5	
	能利用检测工具找出故障原因,并作出正确的维修决策	7	
任务评价	能过本次任务实施,结合自己在实训过程中的表现,进行自我评价及自我反思并记录	3	
职业素养	按规定时间完成项目作业	2	
	遵守实训室管理规定、劳动纪律	2	
	积极参与课堂活动并回答问题	2	
	能够按时出勤	2	
思政要求	能独立实施"8S"、融入团队协作、提升职业素养	5	
合计		100	

改进建议:

教师签字:

日期:

学习活动 2　液压控制系统故障诊断与排除

一、明确任务

根据任务描述,自动变速器出现不升挡故障,需要对液压控制系统进行检查与更换,使其恢复正常使用性能。

⚙ 二、工作准备与计划制订

(一)知识准备

1.液压控制系统的组成

液压控制系统是自动变速器的重要组成部分,同时也是全液压自动变速器的核心。它担负着为液力传动装置提供传动介质、控制液力变矩器离合器的锁止及润滑、冷却传动元件的任务。所以,液力控制系统具有_____、_____和_____、_____等功能。

液压控制系统的组成包括_____、_____、_____、_____。

1)油泵

自动变速器油泵目前最广泛使用的有两种:一种是普通内啮合齿轮泵;另一种为叶片式可变排量泵。

(1)内啮合齿轮泵。

内啮合齿轮泵(图5-3)的特点是油泵由内外两个转子组成,内转子直接由变矩器驱动,外侧转子在工作中也随着转动。

由于内外转子两侧并不相同,拆装前需在壳体上做一个标记,如图5-3所示。如果安装方向错误,可能导致变速器损坏。

(2)变排量叶片泵。

变排量泵叶片泵(图5-4)的工作原理是当控制压力增高时,压力克服弹簧力,进而推动叶片泵的外圈向右侧移动。这样一来,外壳的中心与转子旋转中心偏差就变小了,叶片泵的排量降低。当高转速时,泵排量大于需求量,变排量叶片泵能自动降低排量,使发动机负荷降低,减小油耗。

图5-3　内啮合齿轮泵

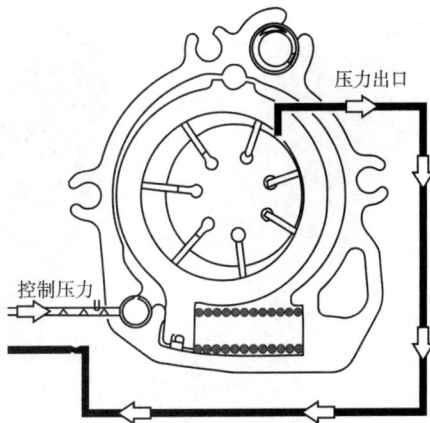

图5-4　变排量叶片泵

2）液力变矩器

大多数自动变速器配备的变矩器均是由四个基本元素组成，即_____、_____、_____和_____（TCC），如图5-5所示。

液力变矩器结构

图5-5　液力变矩器

（1）涡轮：与自动变速器输入轴连接，为变速器动力的输入元件。

（2）泵轮：同变矩器外壳一体，与发动机飞轮连接，为变矩器动力输出元件。

（3）导轮：内部含有单向离合器，通常通过油泵进行固定，是增大转矩的实现者。

（4）变矩器离合器（TCC）：控制泵轮与涡轮是否连接成一个整体，实现1：1的速比输出。

3）控制阀

在液压系统中，称能控制_____、_____和_____的装置为液压控制阀。根据液压控制阀在系统中的用途不同可分为_____、_____。这些控制阀一般安装在阀体内。阀体（图5-6）是液压控制的载体和枢纽，以及电控元件控制液压的执行者。

阀体由_____、_____、_____组成。

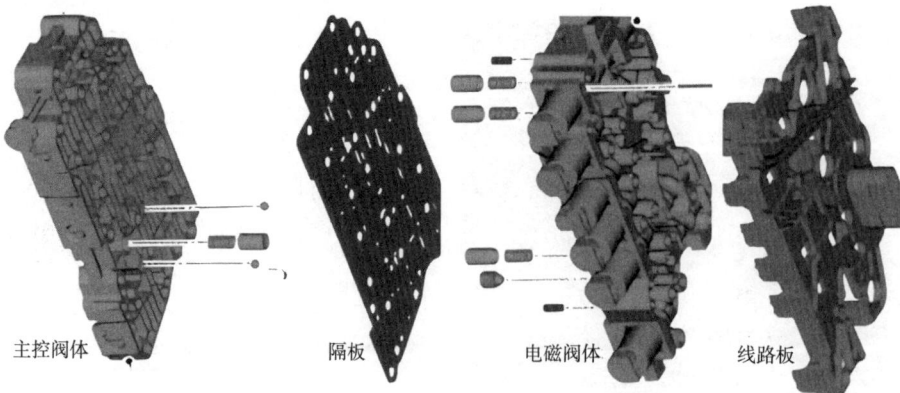

图5-6　阀体

大部分的控制阀都集中在主控阀体上面,如图 5-7 所示,其中主油压控制阀在油泵上面,如图 5-8 所示。

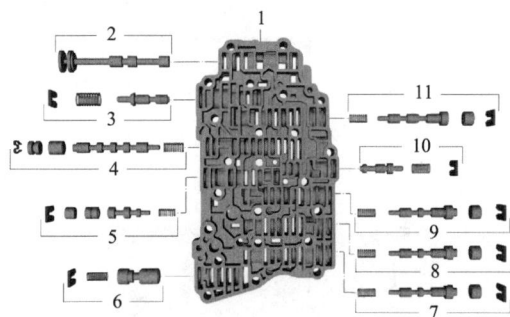

图 5-7　主控制阀体

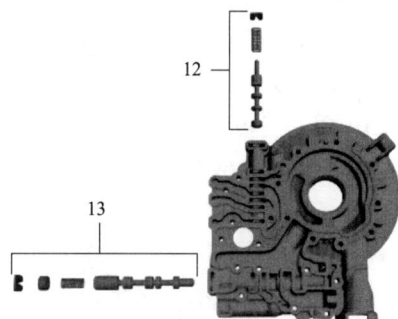

图 5-8　油泵及主油压调节阀

图 5-7、图 5-8 中各控制阀见表 5-5。

控制阀功能对照表　　　　　　　　　　　　　　　　表 5-5

序号	控制阀
1	主控阀体
2	手动阀
3	电磁阀压力调节阀组件
4	离合器旁通阀
5	TCC 调节阀
6	电磁阀压力控制调节器
7	直接(3,5,R)离合器调节阀
8	中间(2,6)离合器调节阀
9	前进(1,2,3,4)离合器调节阀
10	前进(1,2,3,4)离合器锁阀
11	低速倒挡/超速挡(4,5,6)离合器调节阀
12	TCC 控制阀
13	主油压调节阀

4)离合器和制动器

离合器和制动器的结构相同。离合器在自动变速器中,其既可以起固定作用又起驱动作用,而制动器只对行星齿轮起固定作用。离合器有_____、_____两种类型。

(1)单向离合器。

单向离合器(图 5-9)除用于变矩器的导轮外,还使用在齿轮机构中,用来实现动力的单向传递。只要变速器工作,单向离合器就开始工作。单向离合器是纯机械装置,不需要油压来控制工作,从结合到分离的切换非常快。单向离合器通常有_____和

_____两种类型,滚柱式较为常用。

(2)多片式离合器。

多片式离合器由摩擦片、钢片、离合器活塞、离合器鼓、卡环等组成,多片离合器能承受较大的转矩。活塞通过复位弹簧复位,复位弹簧由卡环定位。多片离合器中的钢片和摩擦片交替安装,摩擦片的两面有摩擦材料,而钢片两面光滑,没有摩擦材料,如图 5-10 所示。也有部分变速器的液压多片离合器采用单面带摩擦材料的离合器片,即离合器片的一面带有摩擦片,另一面则是光滑的钢片。

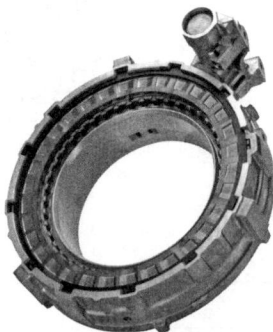

图 5-9　单向离合器　　　　　　　图 5-10　多片式离合器

2.液压压力控制原理

液压控制系统功能有很多,主要包括_____、变矩器锁止离合器 TCC 控制、_____等。

1)主油路压力控制

在自动变速器中的压力控制阀用于对油压进行调节和控制,以适应变速器的不同工况需求。压力控制阀的工作原理是依靠弹簧力和液压压力的平衡来实现压力控制。主油路压力控制过程如下。

在图 5-11 中,油泵输出油压给压力调节阀。调节阀在压力调节电磁阀的油压控制

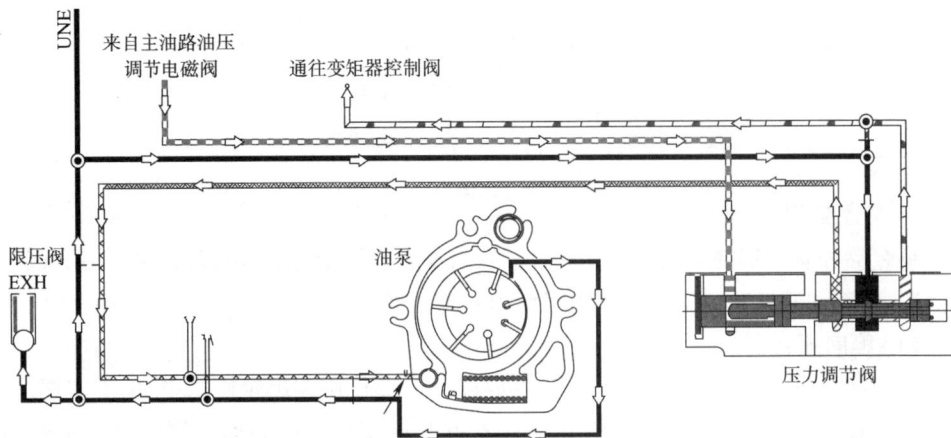

图 5-11　主油路压力控制

下保持不同的位置。压力调节电磁阀的油压压力越高,主油道压力越高,而通往变矩器的阀开度越小。反之,压力调节电磁阀的油压压力越低,主油道压力越低,而通往变矩器的阀开度越大。

泄油通道的油压越高,说明油泵做无用功越多。为了降低能耗,当泄油通道的油压高于变排量油泵的内部调节弹簧时,油泵的外圈发生相对移动,减小排量,降低油耗。

2)润滑油压的控制

(1)变矩器离合器在释放状态下的润滑油路。

如图 5-12 所示,变矩器离合器在释放状态时,变速器的润滑油路走向为:主油路压力调节阀→TCC 控制阀→变矩器→TCC 控制阀→散热器→润滑油路。因此,如果散热器堵塞,将会导致变速器内部无润滑。

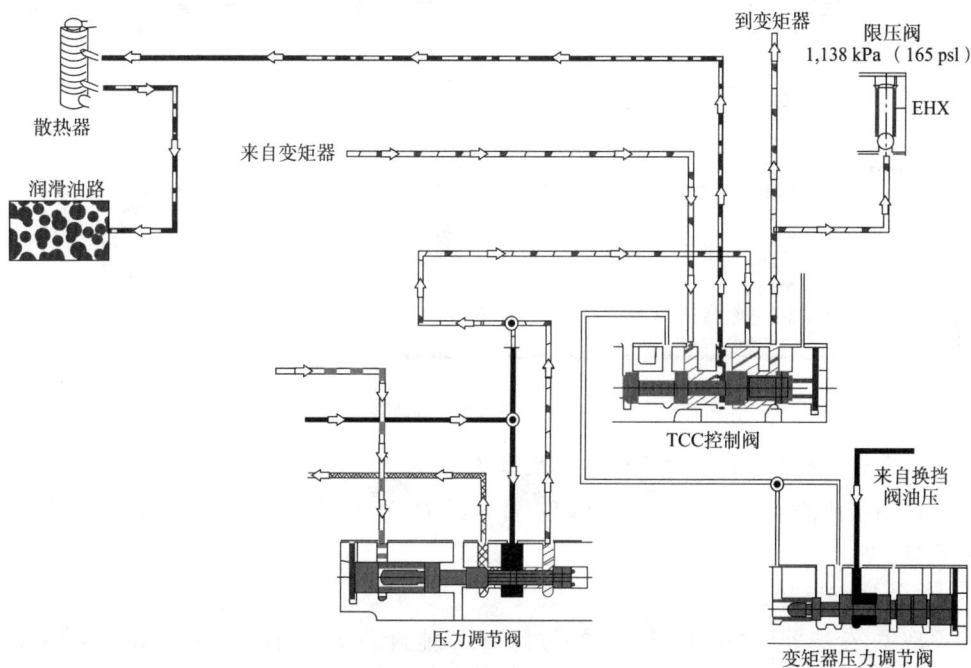

图 5-12　润滑油路的控制

(2)变矩器锁止离合器在接合状态下的润滑油路。

在图 5-12 中,变矩器离锁止合器在接合状态下的润滑油路与在释放的状态下有些不同,润滑油路走向为:压力调节阀→TCC 控制阀→散热器→润滑油路。

3)离合器的控制

以多片式离合器为例,说明执行器的控制过程如下。

(1)手动阀输出主油路油压给 1、2、3、4 挡压力调节阀。

(2)电磁阀 SSA 动作,输出油压给 1、2、3、4 挡压力调节阀控制端。1、2、3、4 挡压力调节阀控制端开始向上移动,输出油压给 CB1234 执行器。

（3）此油压通过 1、2、3、4 挡闩阀，输送给 1、2、3、4 挡压力调节阀顶端，限制 1、2、3、4 挡压力调节阀的上移速度，同时也控制 CB1234 的接合速度。

（4）同时，手动挡的另一路油压通过限流孔流向 1、2、3、4 挡闩阀的顶端。换挡一段时间后，输出油压达到与主油路油压相同时，1、2、3、4 挡闩阀下移，导致作用在 1、2、3、4 挡压力调节阀顶端的压力消失，CB1234 执行器的工作油压达到最大，完成 CB1234 执行器的接合操作，如图 5-13 所示。

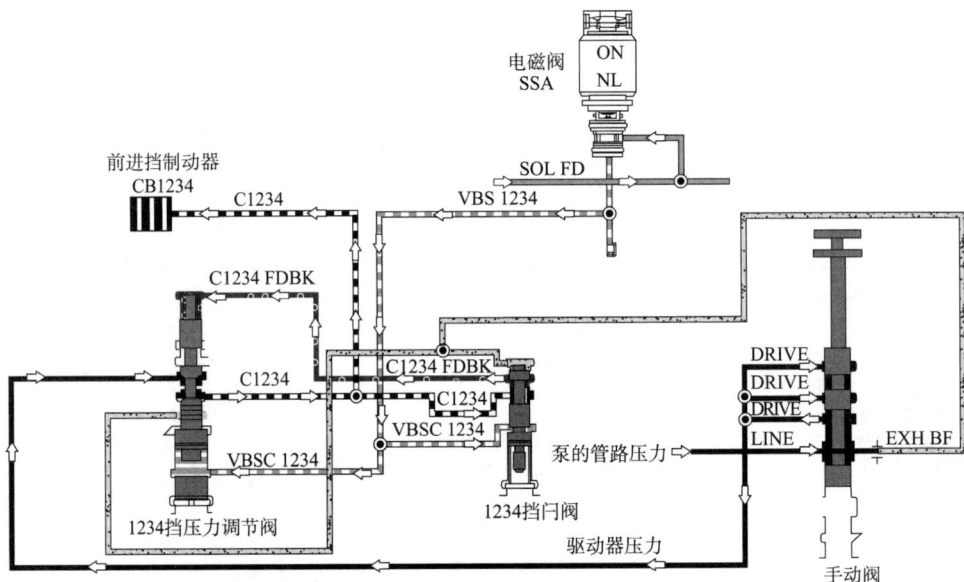

图 5-13　离合器控制油路

3.自动变速器液压控制系统常见故障及原因

自动变速器液压系统常见的故障有油泵故障、液力变矩器故障、阀体故障、离合器故障等。

（1）油泵故障。

现象：变速器始终保持某一个挡位行驶，不能自动变换挡位；变速器在变换挡位时不平顺，冲击明显；变速器工作时内部有不正常的声音，异响明显。

导致这种现象的原因主要有：

①油泵齿轮或叶片磨损严重；

②油泵密封不良，存在泄露；

③油泵齿轮或叶片磨损严重。

（2）液力变矩器故障。

现象：变速器无挡，挂入任何挡位时，变速器没有任何驱动反应；自动变速器加速无力、高速性能差；汽车起步和低速时抖动或加速不良；传递效率低，油温高。

导致这种现象的原因主要有：

①液力变矩器油液不足，涡轮和涡轮轴之间的连接松脱，涡轮轴及涡轮卡死；

②单向离合器卡死；

③单向离合器打滑；

④涡轮、导轮及导轮间的叶片间隙过大，导轮单向离合器卡滞。

（3）阀体故障。

现象：控制阀滑阀卡滞；控制阀滑阀磨损；控制阀滑阀泄露；

导致这种现象的原因主要有：

①自动变速器油长时间未更换；

②更换了劣质的自动变速器油；

③阀体本身质量问题。

（4）离合器、制动器故障。

现象：自动变速器没有某一个挡位；自动变速器换挡冲击；自动变速器换挡拖滞。

导致这种现象的原因主要有：

①离合器片磨损；

②离合器片间隙过大或过小；

③离合器损坏；

④自动变速器油质量问题。

（二）制订工作方案

1. 任务分工（表5-6）

学生任务分配表   表5-6

班级		组号		指导老师	
组长		任务分工			
组员1		任务分工			
组员2		任务分工			
组员3		任务分工			
组员4		任务分工			
组员5		任务分工			
组员6		任务分工			

2. 工量具、仪器设备与耗材准备

（1）使用的工量具有：_____。

（2）使用的仪器设备有：_____。

（3）使用的耗材有：_____。

3. 具体方案描述

三、计划实施

(一)安全注意事项及技能要点

1.安全注意事项

(1)作业前穿戴工作服、手套、安全鞋、安全帽等防护劳保用品。

(2)举升车轮时,检查车辆举升点是否接触牢固,检查并排除设备周围及车辆上的人和障碍物,确认安全锁止装置工作可靠。

(3)正确、规范地使用工具和设备。

(4)确保工作地面无水、油等。

(5)拆下的零件、螺丝按顺序摆放。

2.技能要点

(1)游标卡尺和千分尺使用时要轻拿轻放。

(2)所以拆卸下来的自动变速器零件要按照顺序摆放或用轧带把分总成串在一起,以免安装时出错,导致产生新的故障。

(3)拆卸和安装自动变速器时要避免有灰尘的污染,特别是安装时要用纤维无尘布清洁,以免有杂质以及除尘布上的纤维遗留在变速器内部,造成变速器油道堵塞而导致新故障。

(4)安装自动变速器时,除了清洁外,每个零件都需要彻底润滑后再安装,特别是一些密封圈、橡胶件,都需要浸泡在自动变速器油后再安装。

(5)装配时,确保不会损坏密封圈和橡胶件等密封件,各零部件之间装配顺序不能出错。

(二)自动变速器液压控制系统故障诊断与排除

自动变速器液压系统故障诊断与排除操作方法及说明见表5-7。

自动变速器液压系统故障诊断与排除操作方法及说明   表5-7

步骤	操作方法及说明	质量标准及记录
1.前期准备	(1)车辆信息填写。 (2)安装防护三件套(座椅套、转向盘套、脚垫)。	□正确安装 □按"8S"要求整理

步骤	操作方法及说明	质量标准及记录
1. 前期准备	 （3）安装翼子板布和前格栅布	
2. 安全检查	（1）安装车轮挡块。 （2）插入尾气排放管。 	□正确安装 □正确使用数字万用表 □按"8S"要求整理

步骤	操作方法及说明	质量标准及记录
2.安全检查	（3）检查驻车制动器和挡位。 （4）检查机油液位、冷却液液位、制动液液位、蓄电池电压 	
3.仪器连接	（1）点火开关关闭。 （2）正确连接汽车故障诊断仪。 （3）正确连接自动变速器油压表	□正确连接 □按"8S"要求整理
4.故障现象确认	（1）安全举升车辆，车轮离地。 （2）起动发动机，挡位挂入 D 挡位置，判断是否出现变速器不升挡故障	□正确观察 □按"8S"要求整理
5.确定故障范围	（1）读取故障码，是否有自动变速器液压系统相关故障码。 （2）确定故障范围属于变速器液压系统相关故障	□正确使用工具 □正确记录 □按"8S"要求整理
6.自动变速器液压系统故障诊断与排除	（1）连接诊断仪，读取并记录变速器模块的相关故障码。 	□正确检查安装状态

步骤	操作方法及说明	质量标准及记录
6. 自动变速器液压系统故障诊断与排除	（2）按照维修手册要求，拆卸变速器油压测试孔螺栓，连接变速器液压压力测试表。 （3）驱动发动机，读取并记录油压表在 P、R、N、D 挡位时的油压值，如果油压值不在标准范围，则进行油泵和离合器的检查。 （4）按照维修手册标准，拆下自动变速器总成，并分解自动变速器（注意：分解零件要摆放整齐，便于回装）。 （5）油泵检修。 ①分解自动变速器油泵。 ②检查油泵是否有泄露的情况。 	

步骤	操作方法及说明	质量标准及记录
6. 自动变速器液压系统故障诊断与排除	③清洁油泵齿轮或叶片,检测齿轮或叶片是否有磨损、损坏、烧蚀等现象。 ④清洁油泵泵体,检测泵体是否有磨损、损坏、烧蚀等现象。 ⑤如有上述情况则更换有故障的部件。 (6)控制阀体检修。 ①按照维修手册标准,拆下阀体总成。 ②分解阀体总成,分解各滑阀。 ③清洁各滑阀,检查各滑阀是否有磨损痕迹。 ④清洁滑阀底座,检查底座是否有磨损痕迹。 ⑤检查各滑阀的弹簧、锁片是否有损坏现象。 ⑥如有上述情况则更换有故障的部件。 (7)离合器检修。 ①安装磁力吸座与百分表。 	

步骤	操作方法及说明	质量标准及记录
6. 自动变速器液压系统故障诊断与排除	②找到油压测试口,在油压测试口处施加 480kPa 左右的气压,进行气压测试。 ③读出百分表读数,算出离合器间隙,各车型标准不一样,一般为 0.85～2.40mm,如不符合维修手册标准,应更换摩擦片、钢片及卡环等部件,再进行间隙测量,如还达不到要求,应更换离合器总成。 ④如离合器不符合标准则更换有故障的部件。 (8)清洁自动变速器各部件,用吹尘枪吹干,并摆放整齐。 (9)用自动变速器油润滑各部件,按照维修手册标准组装自动变速器,并安装到车上	
7. 维修结果确认	(1)起动发动机,挡位挂入 D 挡位置,确认自动变速器升挡正常。 (2)清楚故障码后,没有再出现故障码	□正确使用故障诊断仪 □按"8S"要求整理
8. 现场恢复	(1)恢复车辆。 (2)恢复仪器设备。 (3)清洁地面卫生	□按"8S"要求整理

四、评价反馈(表 5-8)

评价表   表 5-8

评分项目	评分标准	分值(分)	得分(分)
学习目标	能明确本任务的知识、技能、素养目标,理解任务在工作中的重要程度	5	
工作任务分析	能清晰描述完成本次工作任务内容	2	
	能清晰描述完成本次工作任务需必备的技能与知识点	2	

续上表

评分项目	评分标准	分值(分)	得分(分)
有效信息获取	能描述自动变速器油泵的结构	5	
	能描述自动变速器液力变矩器的结构及工作原理	5	
	能够描述自动变速器控制阀体的部件及作用	6	
	能够对自动变速器液压控制组件进行检修	5	
实施方案制订	能清晰地制订并填写本次自动变速器液压控制系统诊断与排除的准备作业计划	5	
	能组织或协同工作小组成员,明确本次任务所需仪器设备、工具、材料的准备与清点,并准备记录	5	
	能组织或协同工作小组成员交流,优化检查方案并记录	5	
任务实施	拆装自动变速器油泵总成	5	
	分解和组装自动变速器油泵总成	5	
	检修自动变速器油泵总成	7	
	拆装自动变速器液力变矩器	5	
	拆装自动变速器控制阀体	5	
	分解和组装自动变速器控制阀体	5	
	检修自动变速器控制阀体	7	
任务评价	能过本次任务实施,结合自己在实训过程中的表现,进行自我评价及自我反思并记录	3	
职业素养	按规定时间完成项目作业	2	
	遵守实训室管理规定、劳动纪律	2	
	积极参与课堂活动、回答问题	2	
	能够按时出勤	2	
思政要求	能独立实施"8S"、融入团队协作、提升职业素养	5	
合计		100	

改进建议:

教师签字:

日期:

学习活动3 电子控制系统线路故障诊断与排除

一、明确任务

根据任务描述,自动变速器出现不升挡故障,需要对电子控制系统线路及其部件进行检查与更换,使其恢复正常使用性能。

二、工作准备与计划制订

(一)知识准备

1. 电子控制系统的组成

自动变速器的电子控制系统由_____、_____和_____三个部分组成,如图 5-14 所示。

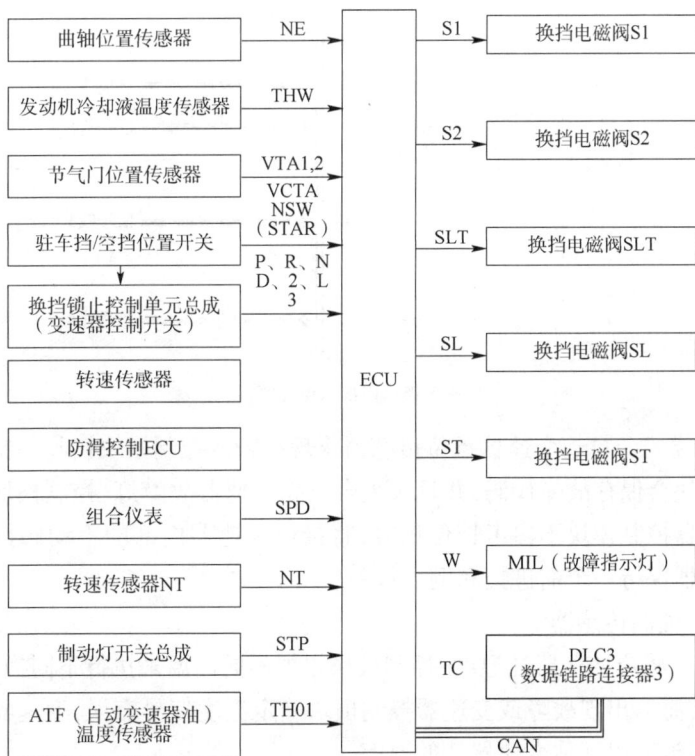

图 5-14 自动变速器控制系统组成图

2. 自动变速器控制模块

电控自动变速器系统中有一个中央处理单元,也称为控制模块,对变速器进行控制。控制模块接收各种输入信号并通过控制电磁阀来控制压力和油液流向相应的部件,从而实现对自动变速器的控制。

变速器控制模块控制换挡时机、换挡品质和液力变矩器离合器的工作。为了确定变速器的最佳换挡策略,变速器控制模块会使用一些来自发动机和驾驶人控制的传感器输入信号。

3. 输入

1)自动变速器挡位传感器(TR)

(1)作用。反应驾驶人选择的挡位,如"P(驻车挡)、R(倒车挡)、N(空挡)、D(行驶挡)、S(手动挡或运动模式)"等不同驾驶挡位,并且为_____、_____提供必要的信号。

(2)结构。不同的车型的挡位传感器结构有所不同,有_____、_____、_____等。

(3)位置。不同的车型会有所区别,一般都安装在变速器外壳或变速器内部,和驾驶人操作的变速器换挡机构的拉线连接。其线路直接连接到控制模块。

(4)线路图。如图5-15所示。

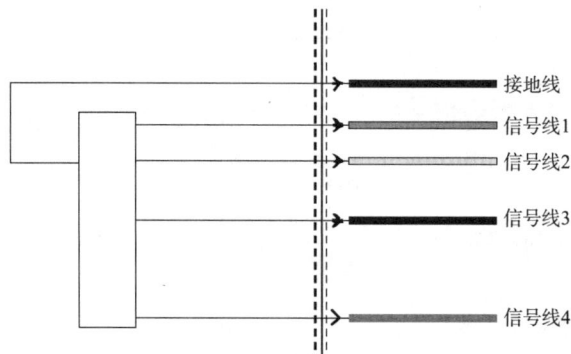

图5-15　内部挡位传感器

(5)故障模式。自动变速器挡位传感器出现故障或控制模块接收到错误的挡位信号时,控制模块会保存故障代码,并且仪表会点亮变速器故障灯,控制模块进入故障模式,这时变速器控制模块不参考挡位信号,直接由变速器内部的手动阀控制变速器油道,保持变速器保持一个前进挡和倒挡行驶。

2)变速器油温传感器

(1)作用。感应变速器油温度,控制模块根据不同油温来执行不同换挡规律,如果变速器油温传感器出现故障或变速器控制模块确定温度信号有误,变速器控制模块将会查看发动机温度以评估变速器油的温度。

当变速器油温过高时,换挡时刻会比正常情况更早;当变速器油温过低时,换挡时刻会延迟,以帮助提高油温。变速器油温与其他输入信号一起来控制变矩器锁止离合器接合。当油温较低时,变速器控制模块会阻止变矩器锁止离合器接合,直到变速器油达到一个特定温度。

(2)结构。变速器油温传感器是一个负温度系数的热敏电阻,温度越高,电阻越低。

(3)位置。变速器油温传感器一般安装在油路板的线路板上,如图 5-16 所示。

图 5-16　变速器油温感器

(4)检测方法。变速器油温传感器线路图如图 5-17 所示,首先,通过诊断仪读取油温数据流,对数据流显示的温度和变速器当前大致温度进行比较,若差别不大,则说明传感器正常;其次,如果数据流显示温度异常,可以通过测量传感器电阻进行判断,如果实际电阻值和维修手册给出的数值差别较大,则说明传感器有故障。

接地线

信号线

图 5-17　变速器油温传感器线路图

3)输入轴转速传感器(TSS)

(1)作用。感应变速器输入轴转速,向自动变速器控制模块提供自动变速器的输入轴传感器参数,通过对该 TSS 信号与发动机转速的比较,确定输入轴转速传感器的传输效率,即变矩器输出效率,也可以用该参数分析变矩器锁止离合器的工作情况,同时也要与输出轴转速传感器进行比较,确定换挡质量和离合器性能。

(2)结构。输入轴转速传感器有_____和_____两种,霍尔式传感器由于性能优越、工作稳定,目前得到广泛运用。

(3)位置。TSS 位于输入轴驱动齿轮上,传感器安装在变速器外壳上,便于检测和维修,如图 5-18 所示。

(4)检测方法。首先用诊断仪读出输入轴转速传感器数据流,一般情况下该参数和发动机转速差别不大,否则即为传感器出问题;其次,如果诊断仪不能读出传感器参数或读出的参数和实际差别较大,那么要用万用表检测传感器线路及传感器本身。由霍尔元件结构可知,传感器一般有一根供电线和一根接地线,部分传感器有单独的信号线,部分则是把信号线和供电或者接地共用,称为正极载波或者负极载波。所以先测量传感器的供电和接地是否良好,在发动机运转,变速器在 D 挡的情况下,用示波器测量传感器的信号线,看波形是否有变化,如图 5-19 所示。

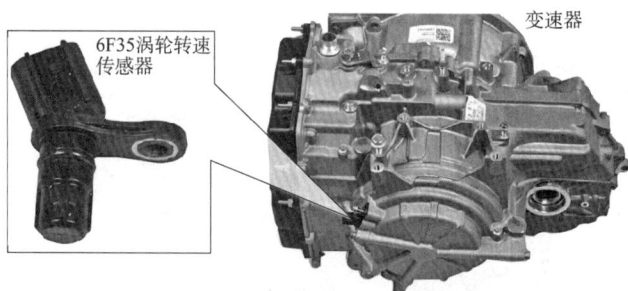

图 5-18　输入轴位置传感器位置图

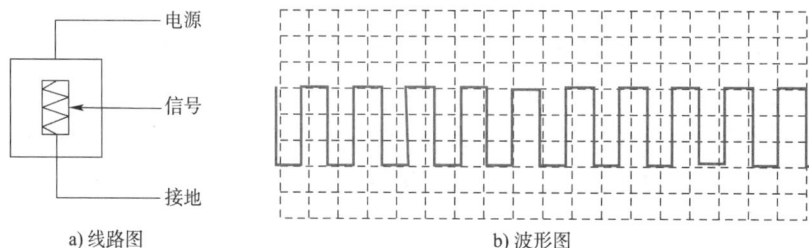

a) 线路图　　　　　　　　　　　　b) 波形图

图 5-19　输入轴转速传感器线路图及波形图

4)输出轴转速传感器(OSS)

(1)作用。感应变速器输出轴转速传感器参数,向自动变速器控制模块发送变速器输出轴转速,用于自动变速器控制模块控制换挡。输出轴转速传感器也要和输入轴转速传感器进行比较,以确定换挡质量和离合器性能。

(2)结构。输出轴转速传感器有_____和_____两种,霍尔式传感器由于性能优越、工作稳定,目前得到广泛运用。

(3)位置。OSS 位于输出轴驱动齿轮上,传感器安装在变速器内部,如图 5-20 所示。

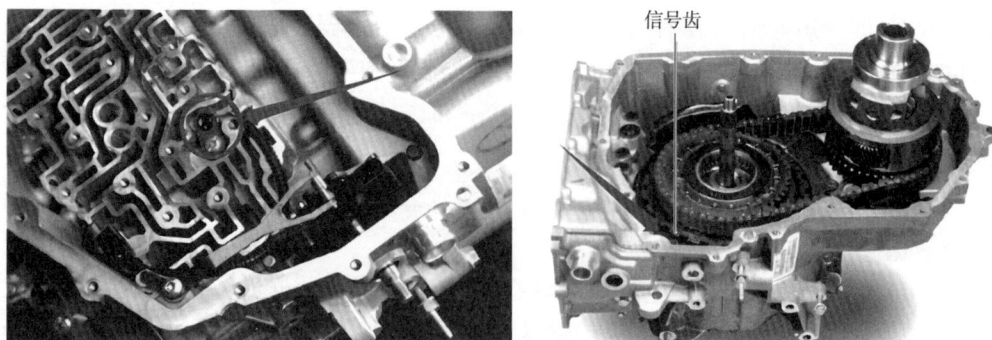

图 5-20　输出轴转速传感器位置

（4）检测方法。检测方法和输入轴转速传感器相同。

5）其他传感器

自动变速器除了以上关键信号外，还需要获取变速器压力传感器、加速踏板位置、节气门位置传感器、空气流量传感器、发动机转速、发动机温度传感器。

4. 输出

1）换挡电磁阀

（1）作用。控制流向手动换挡阀或离合器组件的油液，实现换挡工作。换挡电磁阀可用于调节换挡时机和换挡品质，如图 5-21 所示。

（2）结构及工作原理。开—关电磁阀，通常在断开位置处于_____状态。当换挡电磁阀通电时，电磁阀线圈产生磁场，克服调节弹簧的压力，使阀门移动，压力油液从集成过滤器周围排出，其结构如图 5-22 所示。

图 5-21　换挡电磁阀外形

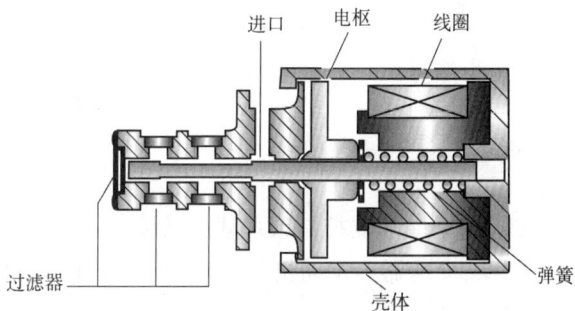

图 5-22　换挡电磁阀结构

（3）位置。换挡电磁阀安装在油路板上。

（4）检测方法。换挡电磁阀其实就是一组线圈，判断其好坏可以通过测量电阻判断，其工作需要一根供电线和一根接地线。

2）压力控制电磁阀

（1）作用。压力控制电磁阀根据发动机运行条件和发动机负荷提供管线压力的变化。电磁阀动作来控制离合器和制动器的工作液压，来实现平稳和精确的换挡。如图 5-23 所示。

（2）结构及工作原理。压力控制电磁阀称为电子压力控制电磁阀，由自动变速器控制模块控制占空比。多数此类电磁阀是可变力电磁阀或脉宽调制（PWM）电磁阀，包含滑阀或柱塞和一个弹簧。为控制油压，自动变速器控制模块向电磁阀发送一个变化的信号，这改变了电磁阀滑阀的移动量。当电磁阀关闭时，弹簧弹力使阀门在原位置保持最大压力，电磁阀通电后会移动滑阀。阀门的移动暴露了阀门周围的排气口，从而导致压力减小。其结构和工作

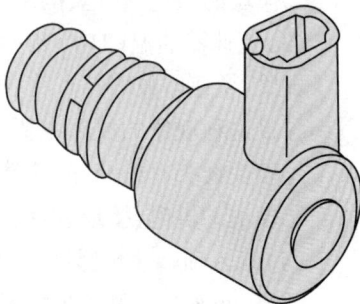

图 5-23　压力控制电磁阀

原理如图5-24所示,其占空比信号如图5-25所示。

图5-24 压力电磁阀结构及工作原理

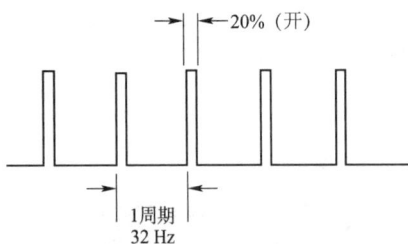

图5-25 压力电磁阀控制占空比

(3)位置。压力控制电磁阀安装在阀体上。

(4)检测方法。换挡电磁阀其实是一组线圈,可以通过测量电阻判断其好坏,其工作需要一根供电线和一根接地线。

5.电子控制系统线路常见故障及原因

电子控制系统常见故障有自动变速器模块线路故障、传感器类线路故障、电磁阀类线路故障等。

(1)自动变速器控制模块线路故障。

现象:变速器和发动机故障灯点亮;变速器不变挡,只有一个前进挡和一个倒挡行驶;挂挡时冲击。

导致这种现象的原因主要有:

①模块插头有松动、脱落等情况;

②模块的供电、接地、网络等线路有断路、短路、虚接等情况。

(2)自动变速器挡位传感器(TR)线路故障。

现象:变速器和发动机故障灯点亮;变速器不变挡,只有一个前进挡和一个倒挡行驶;挂挡时冲击等。

导致这种现象的原因主要有:

①模块插头有松动、脱落等情况;

②模块的供电、接地、网络等线路有断路、短路、虚接等情况。

(3)变速器油温(TFT)传感器线路故障。

现象:变速器故障灯点亮;换挡品质下降;换挡冲击等。

导致这种现象的原因主要有:

①模块插头有松动、脱落等情况;

②模块的供电、接地、网络等线路有断路、短路、虚接等情况。

(4)输入轴转速传感器(TSS)线路故障。

现象:变速器和发动机故障灯点亮;变速器不变挡,只有一个前进挡和一个倒挡行驶;挂挡时冲击等故障。

导致这种现象的原因主要有：

①模块插头有松动、脱落等情况；

②模块的供电、接地、网络等线路有断路、短路、虚接等情况。

（5）输出轴转速传感器（OSS）线路故障。

现象：变速器和发动机故障灯点亮；变速器不变挡，只有一个前进挡和一个倒挡行驶；挂挡时冲击等。

导致这种现象的原因主要有：

①模块插头有松动、脱落等情况；

②模块的供电、接地、网络等线路有断路、短路、虚接等情况。

（6）换挡电磁阀线路故障。

现象：变速器故障灯点亮；换挡品质下降；换挡冲击；缺少某个挡位；变速器不变挡。

导致这种现象的原因主要有：

①模块插头有松动、脱落等情况；

②模块的供电、接地、网络等线路有断路、短路、虚接等情况。

（7）变速器压力控制阀线路故障。

现象：变速器故障灯点亮；换挡品质下降；换挡冲击；缺少某个挡位；变速器不变挡。

导致这种现象的原因主要有：

①模块插头有松动、脱落等情况；

②模块的供电、接地、网络等线路有断路、短路、虚接等情况。

（二）制订工作方案

1. 任务分工（表5-9）

学生任务分配表　　　　　　　　　　表5-9

班级		组号		指导老师	
组长		任务分工			
组员1		任务分工			
组员2		任务分工			
组员3		任务分工			
组员4		任务分工			
组员5		任务分工			
组员6		任务分工			

2. 工量具、仪器设备与耗材准备

（1）使用的工量具有：＿＿＿＿＿＿＿＿＿＿＿＿＿＿＿＿＿。

（2）使用的仪器设备有：＿＿＿＿＿＿＿＿＿＿＿＿＿＿＿＿＿＿＿＿＿＿＿。

（3）使用的耗材有：＿＿＿＿＿＿＿＿＿＿＿＿＿＿＿＿＿＿＿＿＿＿＿＿＿。

3．具体方案描述

＿＿＿＿＿＿＿＿＿＿＿＿＿＿＿＿＿＿＿＿＿＿＿＿＿＿＿＿＿＿＿＿＿＿＿＿＿

＿＿＿＿＿＿＿＿＿＿＿＿＿＿＿＿＿＿＿＿＿＿＿＿＿＿＿＿＿＿＿＿＿＿＿＿＿

＿＿＿＿＿＿＿＿＿＿＿＿＿＿＿＿＿＿＿＿＿＿＿＿＿＿＿＿＿＿＿＿＿＿＿＿＿

＿＿＿＿＿＿＿＿＿＿＿＿＿＿＿＿＿＿＿＿＿＿＿＿＿＿＿＿＿＿＿＿＿＿＿＿＿

＿＿＿＿＿＿＿＿＿＿＿＿＿＿＿＿＿＿＿＿＿＿＿＿＿＿＿＿＿＿＿＿＿＿＿＿＿

三、计划实施

（一）安全注意事项及技能要点

1．安全注意事项

（1）作业前穿戴工作服、手套、安全鞋、安全帽等防护劳保用品。

（2）举升车轮时，检查车辆举升点是否接触牢固，检查并排除设备周围及车辆上的人和障碍物，确认安全锁止装置工作可靠。

（3）正确、规范地使用工具和设备。

（4）确保工作地面无水、油等。

（5）拆下的零件、螺丝按顺序摆放。

2．技能要点

（1）连接诊断仪时，要正确选择相应车型，否则会导致连接失败或者诊断结构错误。

（2）万用表使用时要校准，以免出现测量错误。

（3）诊断、测试前要认知阅读维修手册和线路图，分析变速器的控制逻辑和检测部件的内部结构、工作原理，以便正确对部件和线路进行测量，对部件的测试的诊断要严格按照维修手册要求执行，否则可能会损坏变速器。

（4）拆卸下来的自动变速器零件要按照按照顺序摆放或用轧带把分总成串在一起，以免安装时出差，导致产生新的故障。

（5）拆卸和安装自动变速器时要避免有灰尘的污染，特别是安装时要用纤维无尘布清洁，以免有杂质以及除尘布上的纤维遗留的变速器内部，造成变速器油道堵塞而导致新的故障。

（6）安装自动变速器时，除清洁外，每个零件都需要彻底润滑后再安装，特别是一些密封圈、橡胶件，都需要浸泡在自动变速器油后再安装。

（7）装配时，确保不会损坏密封圈和橡胶件等密封件，各零部件之间装配顺序不能出错。

（二）自动变速器线路故障诊断与排除

自动变速器线路故障诊断与排除操作方法及说明见表5-10。

自动变速器线路故障诊断与排除操作方法及说明 表5-10

步骤	操作方法及说明	质量标准及记录
1. 前期准备	（1）车辆信息填写。 （2）安装防护三件套（座椅套、转向盘套、脚垫）。 （3）安装翼子板布和前格栅布 	□正确安装 □按"8S"要求整理

续上表

步骤	操作方法及说明	质量标准及记录
2.安全检查	（1）安装车轮挡块。 （2）插入尾气排放管。 （3）检查驻车制动器和挡位。 （4）检查机油液位、冷却液液位、制动液液位、蓄电池电压 	□正确安装 □正确使用数字万用表 □按"8S"要求整理

步骤	操作方法及说明	质量标准及记录
3.仪器连接	(1)点火开关关闭。 (2)正确连接汽车故障诊断仪。 (3)正确连接和使用万用表	□正确连接 □按"8S"要求整理
4.故障现象确认	(1)安全举升车辆,车轮离地。 (2)点火开关在 ON 位置,变速器挡位在 P、R、N、D 挡位时,仪表上的挡位显示无相应挡位	□正确观察 □按"8S"要求整理
5.确定故障范围	(1)读取故障码,是否有自动变速器挡位传感器相关故障码。 (2)确定故障范围属于变速器挡位传感器相关故障	□正确使用工具 □正确记录 □按"8S"要求整理
6.挡位传感器线路故障诊断与排除	(1)连接诊断仪,读取并记录变速器相关故障码,根据故障码指示,执行相应诊断。 (2)自动变速器控制模块线路的检查。 ①如能不能正常读取故障码,诊断仪显示"无法通讯"等故障时,则进行模块线路检查。 ②连接诊断仪,正确选择相应车型,确认是否能正常连接车辆,模块正常情况下是能连接,否则有故障。 ③查阅线路图,找到自动变速器控制模块的线路图以及模块的供电、接地和网络线。 ④测量模块的供电线应该有 12V 电压,否则检查相应的供电熔断丝。 ⑤接地线和车身接地导通,否则测量插头端接地线到接地点之间的电阻,电阻应小于1Ω,否则说明接地线有接触不良或断路现象。 ⑥测量找到变速器控制模块网络线,正常情况下,CAN + 应有 2.6~2.8V 的电压,CAN-应有 2.2~2.4V 的电压。 ⑦如不符合标准,则断开蓄电池负极线,测量 CAN + 于 CAN – 之间的电阻,正常应有 60Ω 左右的电阻,如果电阻为 120Ω 或无穷大,则网络线有断路,则采用分段法进行检查直至找到断路点。	□正确检查安装状态

步骤	操作方法及说明	质量标准及记录
6. 挡位传感器 线路故障诊 断与排除	⑧记录测量值,并维修有故障的线路。 ⑨插上变速器控制模块插头。 ⑩连接诊断仪,确认故障是否排除,能正常读取自动变速器相关故障码,即为正常现象。 （3）自动变速器挡位传感器线路检测。 ①连接诊断仪,读取挡位传感器数据流,分别读取挡位在 P、R、N、R、D 各挡位的显示,查看显示是否正常。 ②查阅线路图,找到挡位传感器线路图。 ③断开挡位传感器插头和变速器控制模块插头,分别测量挡位开关到变速器模块之间线路的电阻,电阻应小于 1Ω,否则说明挡位开关线路有接触不良的故障。 ④分别测量挡位开关各线路到接地之间的电阻,电阻应小于无穷大,否则说明挡位开关线路有对地短路的故障。 ⑤记录测量值,并维修有故障的线路。 ⑥插上挡位传感器插头和变速器控制模块插头。 ⑦连接诊断仪,读取挡位数据,并观察仪表挡位显示,确认故障是否排除。 （4）油位传感器线路检测。 ①连接诊断仪,读取油温传感器数据流,是否显示温度,并且和当前环境温度相当。 	

步骤	操作方法及说明	质量标准及记录
6. 挡位传感器 线路故障诊 断与排除	②如显示温度和环境温度差别较大,则油温传感器本身或者线路有故障。 ③查阅线路图,找到油温传感器线路图。 ④断开油温传感器插头和变速器控制模块插头,分别测量挡位开关到变速器模块之间线路的电阻,电阻应小于1Ω,否则说明油温传感器线路有接触不良或断路的故障。 ⑤测量油温传感器线路到接地之间的电阻,电阻应小于无穷大,否则说明油温传感器线路有对地短路的故障。 ⑥测量油温传感器本身的电阻,电阻应在维修手册规定范围内,否则说明传感器本身有故障。 ⑦记录测量值,并维修有故障的线路。 ⑧插上挡位传感器插头和变速器控制模块插头。 ⑨连接诊断仪,验证故障是否排除。 (5)输入轴和输出轴转速传感器线路检测。 ①连接诊断仪,读取输入轴和输出轴转速传感器数据流,应有相应转速显示,输入轴转速值和发动机转速基本一致,输出轴转速值和车速一致。 ②如差别较大,则输入轴转速传感器本身或者线路有故障。 ③查阅线路图,找到输入轴和输出轴传感器线路图。 ④断开输入轴和输出轴转速传感器插头和变速器控制模块插头,分别测量挡位开关到变速器模块之间线路的电阻,电阻应小于1Ω,否则说明输入轴和输出轴转速传感器线路有接触不良或断路的故障。 ⑤测量输入轴和输出轴转速传感器线路到接地之间的电阻,电阻应小于无穷大,否则说明油温传感器线路有对地短路的故障。	

步骤	操作方法及说明	质量标准及记录
6. 挡位传感器线路故障诊断与排除	⑥使用示波器测量信号线波形是否正常,正常波形如下图,否则更换正常的传感器再进行测试。 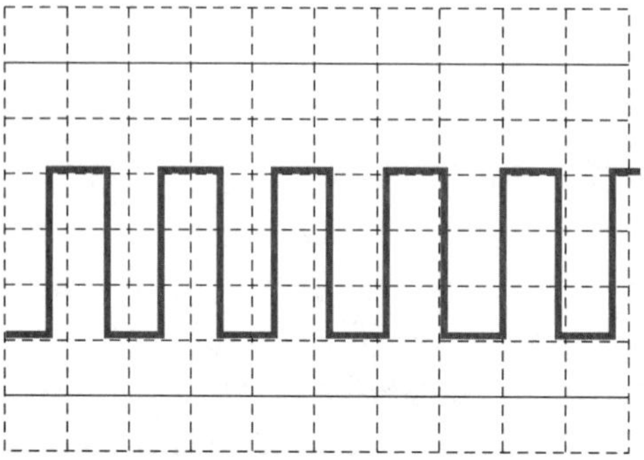 ⑦记录测量值,并维修有故障的线路。 ⑧插上挡位传感器插头和变速器控制模块插头。 ⑨连接诊断仪,验证故障是否排除。 (6)电磁阀线路检测。 ①连接诊断仪,进入动态测试,按照诊断仪要求,对换挡电磁阀进行动态测试,正常情况下电磁阀故障时应该有"嗒"的一声,否则有故障。 ②查阅线路图,找到换挡电磁阀线路图。 ③断开换挡电磁阀插头和变速器控制模块插头,分别测量挡位开关到变速器模块之间线路的电阻,电阻应小于1Ω,否则说明换挡电磁阀线路有接触不良或断路的故障。 ④测量换挡电磁阀线路到接地之间的电阻,电阻应小于无穷大,否则说明换挡电磁阀线路有对地短路的故障。 ⑤测量电磁阀电阻,电阻应在维修手册标准范围内,否则电磁阀损坏。  电磁阀 ⑥记录测量值,并维修有故障的线路。 ⑦插上挡位传感器插头和变速器控制模块插头。 ⑧连接诊断仪,进入动态测试,验证故障是否排除。 (7)按照维修手册标准回装拆卸的部件	

续上表

步骤	操作方法及说明	质量标准及记录
7. 维修结果确认	(1)点火开关在 ON 位置,变速器挡位在 P、R、N、D 挡位时,仪表上的挡位显示正常显示相应挡位。 (2)清除故障码后,没有再出现故障码	□正确使用故障诊断仪 □按"8S"要求整理
8. 现场恢复	(1)恢复车辆。 (2)恢复仪器设备。 (3)清洁地面卫生	□按"8S"要求整理

四、评价反馈(表5-11)

评价表   表5-11

评分项目	评分标准	分值(分)	得分(分)
学习目标	能明确本任务的知识、技能、素养目标,理解任务在工作中的重要程度	5	
工作任务分析	能清晰描述完成本次工作任务内容	2	
	能清晰描述完成本次工作任务需必备的技能与知识点	2	
有效信息获取	能描述自动变速器需要的输入信号	5	
	能描述自动变速器输出的执行部件	5	
	能够根据故障现象分析故障可能原因	6	
	能够对自动变速器线路进行检修	5	
实施方案制订	能清晰地制订并填写本次自动变速器线路故障诊断与排除的准备作业计划	5	
	能组织或协同工作小组成员,明确本次任务所需仪器设备、工具、材料的准备与清点,并准备记录	5	
	能组织或协同工作小组成员交流,优化检查方案并记录	5	
任务实施	能正确使用诊断仪读取故障码和读取数据流	5	
	通过故障现象确定故障位置,分析故障原因	5	
	通过查阅维修手册,结合分析结果,制订完善的检修方案	7	
	能正确使用万用表、示波器	5	
	能进行自动变速器的电磁阀和传感器检修检查和更换	5	
	能对自动变速控制线路即元件进行检查判断	5	
	能利用检测工具找出故障原因,并作出正确的维修决策	7	

续上表

评分项目	评分标准	分值(分)	得分(分)
任务评价	能过本次任务实施,结合自己在实训过程中的表现,进行自我评价及自我反思并记录	3	
职业素养	按规定时间完成项目作业	2	
	遵守实训室管理规定、劳动纪律	2	
	积极参与课堂活动	2	
	能够按时出勤	2	
思政要求	能独立实施"8S"、融入团队协作、提升职业素养	5	
合计		100	

改进建议:

教师签字:

日期:

任务习题 》》》

一、不定项选择题

1. 为了在简单的行星齿轮组中实现缓慢的超速挡,( )。

A. 太阳齿轮必须是输入部件

B. 齿圈必须是输入部件

C. 行星架必须是输入部件

D. 必须保持齿圈

2. 在简单的行星齿轮组中,当行星架被固定时,齿轮组会产生( )。

A. 倒挡　　　　　　　　　　B. 直接挡

C. 快速超越　　　　　　　　D. 向前减速

3. 自动变速器的齿轮机构有( )。

A. 行星齿轮组　　　　　　　B. 差速器

C. 主减速器　　　　　　　　D. 倒挡齿

4. 行星齿轮由( )部件组成。

A. 齿圈　　　　B. 太阳轮　　　　C. 驱动轮　　　　D. 行星架

5. 差速器的作用是(　　　)。

　　A. 改变发动机转速

　　B. 改变车速

　　C. 在车辆转弯时驱动桥两端以不同的速度旋转

　　D. 使车辆以不同的速度行驶

二、判断题

1. 自动变速器的电子控制系统由传感器、转向器和控制单元三个部分组成。　(　　)

2. 挡位传感器的作用是控制变速器换挡。　(　　)

3. 霍尔式输入轴传感器最少应该有两根线,分别是电源线和接地线。　(　　)

4. 霍尔式输出轴传感器输出的波形是正弦波形。　(　　)

5. 换挡电磁阀可以用万用表测量电阻来判断电磁阀好坏。　(　　)

6. 自动变速器液压控制系统由控制阀、离合器和制动器三大部件组成。　(　　)

7. 自动变速器油泵属于液压系统的动力来源,目前有普通内啮合齿轮泵和叶片式可变排量泵两种类型。　(　　)

三、实操练习题

1. 完成压力控制电磁阀的检查。

2. 解体自动变速器控制阀体,检查主油路压力调节阀。

3. 用自动变速器油压表测量变速器的主油压压力。

附录

本教材配套数字资源列表

序号	资源名称	资源类型	所在页码
1	变速器功用	视频	13
2	十字轴刚性万向节结构	视频	35
3	球笼式等速万向节的结构	视频	36
4	转向盘结构3D结构展示	视频	64
5	电动助力转向系统原理	视频	78
6	制动系统基本原理	视频	91
7	制动系统组成	视频	92
8	防抱死制动系统基本原理	视频	123
9	车轮总成结构	视频	137
10	转向系统功用	视频	147
11	悬架类型	视频	155
12	液力变矩器结构	视频	180

参考文献

[1] 杨智勇,逢吉玲,张义.汽车底盘构造与维修一体化教程[M].北京:机械工业出版社,2022.

[2] 董光,尹力卉.汽车底盘系统与故障诊断技术[M].北京:机械工业出版社,2022.

[3] 戴良鸿.汽车变速器与驱动桥检修[M].北京:人民交通出版社股份有限公司,2021.

[4] 巫兴宏,齐忠志.汽车自动变速器维修工作页[M].北京:人民交通出版社股份有限公司,2020.

[5] 贺大松.汽车底盘构造与维修[M].北京:机械工业出版社,2023.

[6] 胡胜,徐炬,张体龙.汽车底盘构造与维修[M].北京:机械工业出版社,2021.

[7] 宁斌,黄龙进,温继峰.汽车底盘构造与维修一体化教材[M].北京:电子工业出版社,2022.

[8] 武忠,于立辉.汽车底盘电控系统故障诊断与检修[M].北京:机械工业出版社,2021.

[9] 李赫.汽车底盘故障诊断与维修教学工作页[M].北京:中国铁道出版社,2022.